DAS
UNGARISCHE
KOCHBUCH

IMPRESSUM

Das ungarische Kochbuch
Copyright © by area verlag gmbh, Erftstadt
Alle Rechte vorbehalten
Autorin: Petra Knorr
Lektorat & Projektmanagement: Christina Kuhn, Köln
Foodfotos: Paul LeClaire
Länderfotos: Image Direkt, Digital Vision, corbis, fotodisc, stockbyte
Layout: Peter Mebus für Nova Libra, Köln
Satz: Peter Mebus für Nova Libra, Köln
Umschlaggestaltung: Sabine Rummel für Nova Libra, Köln

Printed in Poland 2005

ISBN 3-89996-051-3

www.area-verlag.de

VORWORT

Pörkölt, Gulyás, Halászlé, Letscho und Poloczen – so heißen die gehaltvollen und überaus köstlichen ungarischen Eintöpfe. Im »Bogrács« (Kessel) ohne Eile und in großer Menge über dem offenen Feuer gegart, finden sich darin saftige Fleischstücke, Fisch und Zwiebeln, frische Paprika und Tomaten. Feurig gewürzt mit Paprikapulver und mit reichlich saurer Sahne verfeinert, sind sie ein absoluter Hochgenuss. Der türkische Pfeffer (Paprikapulver) kam im 16. Jahrhundert mit den Türken ins Land und wurde ursprünglich als Arznei verwendet, mauserte sich aber in kürzester Zeit zu einem nicht wegzudenkenden Bestandteil der ungarischen Küche. Denn Gulyás ohne Paprika wäre unvorstellbar. Es gibt mildes, edelsüßes, scharfes, Delikatess- und Rosenpaprikapulver. Aber es wird weniger scharf gekocht als angenommen. Lieber genießt man die Vielfalt und schmeckt die einzelnen Aromen der Gerichte heraus.

Kraut, Würste, Gänsestopfleber & Mehlspeisen

Debracziner Würste geben Gerichten mit Kohl oder Kraut den letzten Pfiff. Die von den Ungarn heiß geliebte Gänsestopfleber ist angenehm fest und etwas grober in ihrer Konsistenz als ihre ausländische Konkurrenz und verzaubert mit ihrem feinen Aroma jeden Gourmet. Die vielen Seen und Flüsse liefern Süßwasserfische von bester Qualität. Zander, Karpfen und Hecht werden gebraten oder gedünstet und zergehen auf der Zunge.

Durch die Doppelmonarchie von Österreich und Ungarn kamen die salzigen und süßen Mehlspeisen ins Land. Diese wurden von den ungarischen Köchinnen und Köchen mit großer Freude in ihr Repertoire aufgenommen und nach ungarischer Sitte verfeinert. Nockerln, feine süße Aufläufe und gefüllte Früchte lassen jedem

Schleckermäulchen vor Freude die Augen übergehen. Die Dobostorte, ein Traum aus Biskuit mit Cremefüllung und Karamellglasur, benannt nach dem großen ungarischen Zuckerbäcker des 19. Jahrhunderts József C. Dobos, ist neben Palatschinken der Hit bei den Süßspeisen. Mit einem Glas Tokajer oder Puszta-Kaffee genossen, erzielen beide einen unübertrefflichen Geschmack.

Ungarn und der Wein

Ungarn ist eines der ältesten Weinländer Europas. Die Römer setzten in der Provinz Pannonien entlang der Donau die ersten Reben. Selbst Kaiserin Maria Theresia, eine große Weinliebhaberin, erließ zu ihrer Zeit ein Edikt, um die Reinheit der Weine zu erhalten. Sie stellte Panschereien unter Strafe und legte damit den Grundstein für die heute noch geltenden Weinregularien. Seit dem 17. Jahrhundert wird der wohl berühmteste Wein Ungarns erzeugt, der Tokajer. Er war als edelster Wein der Welt anerkannt und trug den Namen »Wein der Könige – König der Weine«. Durch eine verspätete Weinlese wurde der »Tokajer Aszú« entdeckt. Die Trauben waren durch den Botrytis-Pilz geschrumpelt und hatten unnötiges Wasser verloren, dafür aber an Gehalt, Geschmack und Konsistenz gewonnen. Das Ergebnis war umwerfend. Er mundete wie eine süße Trockenbeerenauslese und war das Getränk der Fürsten und Könige. Danach war lange Zeit kein Markt für süße Weine. Die Weinwelt rief nach trockenen Weinen und brachte sich um einen der höchsten Genüsse. Versuchen Sie es selber einmal: Genießen Sie einen Tokajer Aszú zu einer gebratenen Gänseleber oder zu knusprigem Geflügel. Sie werden begeistert sein.

4

Heute werden auf etwa 110 000 ha Rot- und Weißweine ange-
baut, und seit der Privatisierung im Jahr 1990 findet man man-
cherorts Weine, die absolute Château-Qualitäten aufweisen. Diese
Weine sind so kraftvoll, dass sie neben der würzigen, üppigen und
gehaltvollen ungarischen Küche bestehen.

Neben vorzüglichem Wein findet sich auch die Kunst der
Obstbrände. Aus allen Früchten werden die feinsten Brände destil-
liert. Herauszuheben ist der fruchtige Barack Pálinka, ein gehaltvol-
ler Aprikosenbrand, der Ihre volle Aufmerksamkeit verdient hat. Er
gehört zu den Bränden, die die ungarische Küche, die nur zu gerne
Schmalz, Speck und Butter zum Kochen einsetzt, leichter und ver-
träglicher macht. Fett ist der Geschmacksträger überhaupt, und den
setzen die Köche und Köchinnen im Land der Magyaren hem-
mungslos ein.

Nachdem diese kleine Reise durch die Genuss- und Trinkkultur der
Ungarn Ihnen hoffentlich Appetit auf die Küche und Lust auf die
feinen Weine und Brände dieses Landes gemacht hat, wünschen wir
Ihnen viel Freude und Spaß beim Nachkochen dieser original ungarischen Köstlichkeiten.

Guten Appetit! – Jo étvágyat!

INHALT

Kalter Borschtsch

Kräuteromelett

Rührei mit Krebsfleisch

Gratinierter Spargel

Frittierte Pilze

Forellenfilets mit Kräuterschmand

Geröstetes Brot mit Gänseleber

Tatarenschnitte

Langos

Saure Eier

VORSPEISEN

KALTER BORSCHTSCH

Für 4 Personen
Zubereitungszeit: 45 Min./Kochzeit: 1 Std.

KALTER BORSCHTSCH

ZUTATEN

500 g Rote Bete
250 ml Rotweinessig
1 große Kartoffel
½ Salatgurke
1 Zwiebel
2 Eier
1 Bund Dill
1 El Zucker
Salz
Weißer Pfeffer
aus der Mühle
2 Tl Senf
200 ml saure Sahne

Vorbereitung

Die Rote Bete gründlich waschen und ungeschält in einen Topf geben. Mit 1 ½ l Wasser auffüllen und den Rotweinessig angießen. Zugedeckt 1 Stunde bei mittlerer Hitze kochen. Die Kartoffel schälen, klein würfeln und in Salzwasser 15 Minuten kochen, anschließend abgießen und abkühlen lassen. Die halbe Salatgurke schälen, längs halbieren und die Kerne entfernen. In 1 cm dicke Scheiben schneiden. Die Zwiebel schälen und in hauchdünne Ringe hobeln. Die Eier hart kochen, abschrecken und in Würfel hacken. Den Dill waschen, trocknen und fein wiegen.

Zubereitung

Die Rote Bete abgießen und dabei den Kochsud auffangen. Das Gemüse unter kaltem Wasser abschrecken, schälen und in kleine Würfel schneiden. Den Kochsud mit Zucker, Salz, Pfeffer und Senf vermischen. Verteilen Sie auf 4 tiefe Suppenteller die gewürfelten Rote Bete, Kartoffeln, Gurken und die Zwiebelringe. Darüber die gehackten Eier streuen und mit dem gewürzten Kochsud auffüllen.

Servieren

Zum Servieren geben Sie auf jeden Teller einen großen Klecks saure Sahne und bestreuen das Ganze mit den Dillblättchen.

INFO

Kalter Borschtsch ist gut gekühlt eine erfrischende Sommersuppe. Sie lässt sich gut vorbereiten und bleibt im Kühlschrank über mehrere Tage frisch.

KRÄUTEROMELETT

Für 4 Personen
Zubereitungszeit: 15 Min./Bratzeit: ca. 25 Min.

Vorbereitung

Die Eier in eine große Schüssel schlagen und mit Salz und Sahne verquirlen. Alle Kräuter waschen, trocknen und fein wiegen.

Servieren

Servieren Sie die Omeletts mit einigen Kräutern bestreut. Wer mag, lässt noch etwas Butter auf dem warmen Omelett schmelzen.

Zubereitung

Die Kräuter in die Eimasse einrühren. In eine Pfanne für jedes Omelett etwa 20 g Butter geben, schmelzen und mit einer Schöpfkelle je $\frac{1}{4}$ der Eimasse in die Pfanne geben. Bei mittlerer Hitze stocken lassen. Auf einen Teller gleiten lassen und mit der Oberseite nach unten wieder in die Pfanne geben. Kurz braten, aufrollen und warm stellen. Die restlichen Omeletts auf die gleiche Weise backen.

ZUTATEN

15 Eier
1 Tl Salz
100 ml Sahne
1 Bund Petersilie
1 Bund Schnittlauch
1 Bund Estragon
80 g Butter

KRÄUTEROMELETT

INFO

Reste vom Omelett in Rauten oder schmale Streifen schneiden. Sie sind eine schmackhafte Einlage in einer Fleischbrühe.

11

RÜHREI MIT KREBSFLEISCH

Für 4–6 Personen
Zubereitungszeit: 1 Std./Koch- & Bratzeit: ca. 25 Min.

RÜHREI MIT KREBSFLEISCH

ZUTATEN

Für die Krebsfüllung:
Ca. 20 kleine Flusskrebse
½ Tl Kümmel
1 Bund glatte Petersilie
1 Döschen Krebsbutter

Für das Rührei:
12 Eier
1 gehäuften Tl Salz
100 ml Sahne
50 g Butter

INFO

Wer keine frischen Krebse bekommt, kann Krebsfleisch aus der Konserve oder aus der Tiefkühlung verwenden. Das ist weniger arbeitsintensiv und vom Geschmack vergleichbar.

Vorbereitung

Die Flusskrebse in kaltem Wasser waschen. Einen großen Topf mit Wasser füllen, Kümmel und Petersilie dazugeben und zum Kochen bringen. Die Flusskrebse ins stark kochende Wasser geben und 12–15 Minuten kochen. Aus dem Topf fischen, abkühlen lassen und das Krebsfleisch aus den Schalen lösen. Die Krebsbutter erwärmen, das Krebsfleisch dazugeben und unterheben.

Zubereitung

Die Eier in eine große Schüssel aufschlagen, Salz und Sahne zufügen und mit dem Schneebesen gründlich verquirlen. Die Butter in einer beschichteten Pfanne schmelzen, die verquirlten Eier einlaufen lassen und unter ständigem Rühren stocken lassen. Dabei muss das Rührei glänzend bleiben und darf nicht zu trocken werden.

Servieren

Verteilen Sie das Rührei auf 4 Teller und richten Sie darauf das Krebsfleisch an. Mit einigen Petersilienblättchen garniert servieren.

GRATINIERTER SPARGEL

GRATINIERTER SPARGEL

Für 4 Personen
Zubereitungszeit: 30 Min./Koch- & Backzeit: 30 Min.

Vorbereitung

Den Spargel schälen, die holzigen Enden abschneiden und die Spargelstangen in Salzwasser mit einer Prise Zucker 12–15 Minuten kochen.

Zubereitung

Die abgetropften Spargelstangen in eine gebutterte Auflaufform legen. $^1/_3$ der Butter in einem Topf schmelzen, das Mehl darüber stäuben und ein wenig Farbe nehmen lassen. Nach und nach mit der Milch aufgießen. Es muss eine dickliche Soße entstehen. Sahne und Eigelbe verrühren und unter die Soße ziehen. Den Topf vom Herd nehmen und ein weiteres Drittel der Butter unter die Soße rühren. Herzhaft mit Salz, weißem Pfeffer und Muskatnuss würzen. Die Soße über die Spargelstangen gießen, den geriebenen Käse und die Semmelbrösel darüber streuen. Die restliche Butter in Flöckchen darauf setzen und im auf 180 °C vorgeheizten Backofen 15 Minuten überbacken.

Servieren

Servieren Sie den gratinierten Spargel in der Form und reichen Sie frische Salzkartoffeln dazu.

ZUTATEN

2 kg Spargel
Salz
1 Prise Zucker
150 g Butter
3 gehäufte El Mehl
500 ml Milch
100 ml Sahne
5 Eigelbe
Weißer Pfeffer
aus der Mühle
Muskatnuss
100 g geriebener Käse
2 El Semmelbrösel

INFO

Gießen Sie die Spargelbrühe nicht weg. Mit etwas Speisestärke gebunden und einigen klein geschnittenen Spargelstückchen wird daraus eine delikate Spargelsuppe.

15

FRITTIERTE PILZE

Für 4 Personen
Zubereitungszeit: 20 Min./Bratzeit: 10 Min.

FRITTIERTE PILZE

ZUTATEN

800 g große Champignons
1 Tl Salz
Schwarzer Pfeffer
aus der Mühle
3 El Mehl
200 g Semmelbrösel
2 Eier
1 Bund Petersilie
Einige Salatblätter
Fett zum Frittieren

INFO

*Die knusprigen Pilzhüte
passen auch wunderbar zu
Dips. Kräuterquark oder feu-
rige Soßen schmecken
besonders gut dazu.*

Vorbereitung

*Die Champignons putzen und
die Stiele herausdrehen.
Herzhaft salzen und pfeffern.
Das Mehl und die Semmelbrösel
auf je einen Teller streuen. Die
Eier verschlagen. Die Petersilie
und die Salatblätter waschen
und gründlich trocknen.*

Zubereitung

*Die Pilzköpfe erst in Mehl,
dann in Semmelbröseln und
schließlich durch die Eimasse
ziehen. In einem Frittiertopf
das Fett erhitzen und die
Champignonköpfe im sprudeln-
den Fett ausbacken. Mit einer
Schaumkelle abfischen und auf
Küchenpapier abtropfen lassen.
Die Petersilie ebenfalls in das
Fett geben, frittieren und auf
das Küchenpapier legen.*

Servieren

*Richten Sie die frittierten
Pilzköpfe mit der frittierten
Petersilie auf den Salatblättern
an und reichen Sie knuspriges
Weißbrot dazu.*

FORELLENFILETS MIT KRÄUTERSCHMAND

Für 4 Personen
Zubereitungszeit: 20 Min.

Vorbereitung

Die Forellenfilets aus der Verpackung nehmen, mit Küchenpapier abtupfen und Raumtemperatur annehmen lassen. Alle Kräuter waschen, gut trocknen und fein hacken. Die Salatgurke waschen und in dünne Scheiben hobeln.

Servieren

Zum Servieren 4 Teller mit den Salatgurkenscheiben auslegen, die Forellenfilets darauf anrichten und jeweils einen dicken Klecks Kräuterschmand daneben setzen. Reichen Sie dazu knuspriges Weißbrot und einen kühlen trockenen Tokajer.

Zubereitung

Schmand und Sahne in eine Schüssel füllen und mit einem Schneebesen gut miteinander vermischen. Mit Salz, Pfeffer, Zucker und Essig würzen. Die gehackten Kräuter zufügen und unterheben.

ZUTATEN

4 geräucherte Forellenfilets
1 Bund Dill
1 Bund Petersilie
1 Bund Estragon
1 kleine Salatgurke
200 g Schmand
100 ml Sahne
Salz
Weißer Pfeffer
aus der Mühle
1 Prise Zucker
1 Tl Weißweinessig

FORELLENFILETS

INFO

Die Kräuter für den Schmand kann man nach Belieben variieren. Wer mag, kann mit Borretsch einen sehr intensiven Kräutergeschmack erzielen.

GERÖSTETES BROT MIT GÄNSELEBER

Für 4 Personen
Zubereitungszeit: 20 Min./Röst- & Bratzeit: 15–20 Min.

GERÖSTETES BROT

ZUTATEN

4 Toastbrotscheiben
2 El Butter
1 Gänsestopfleber (ca. 800 g)
1 große Zwiebel
Weißer Pfeffer
aus der Mühle
1 Tl gehackter Salbei
1 Tl Thymianblättchen
3 El Gänseschmalz
Salz

Vorbereitung

Vom Toastbrot die Kruste abschneiden und die Scheiben diagonal halbieren. Die Butter in einer Pfanne schmelzen und die Brotecken darin von beiden Seiten goldbraun rösten. Die Gänseleber von Häutchen und Sehnen befreien und in vier 1,5 cm dicke Scheiben schneiden. Die Zwiebel schälen und in hauchdünne Ringe schneiden. Beides mit Pfeffer, Salbei und Thymian würzen.

Zubereitung

Gänseschmalz in einer großen Pfanne erhitzen. Zuerst die Gänseleberscheiben etwa 6–8 Minuten darin braten, aus der Pfanne nehmen und erst jetzt salzen. Die Zwiebelringe in das Bratfett geben und unter Wenden ca. 8–10 Minuten braten.

Servieren

Richten Sie je 2 Brotecken auf 4 vorgewärmten Tellern wie Dachziegel an. Legen Sie auf die Brotecken je eine Gänseleberscheibe und träufeln Sie etwas vom Bratensatz darüber. Reichen Sie dazu einen gekühlten Rotwein wie zum Beispiel Erlauer Stierblut.

INFO

Anstelle der Gänseleber kann auch Putenleber verwendet werden. Die ist öfter im Angebot als Gänseleber und auch preisgünstiger.

TATARENSCHNITTE

TATARENSCHNITTE

Für 4 Personen
Zubereitungszeit: 20 Min.

Vorbereitung

Die Schalotte schälen und fein würfeln. Die Sardellenfilets im Mörser zerstoßen.

Zubereitung

Das Tatar in eine Schüssel füllen und mit allen Zutaten, außer den Kapern, gründlich vermischen. Das Roggenbrot toasten.

Servieren

Die getoasteten Brotscheiben gleichmäßig mit dem angemachten Tatar bestreichen, mit den Kapern belegen und noch einmal mit schwarzem Pfeffer bestreuen. Auf einer Platte anrichten, mit frischen Radieschen und einem Glas Wein servieren.

ZUTATEN

1 kleine Schalotte
3 Sardellenfilets
700 g Tatar (Schabefleisch vom Rind)
3 Eigelbe
2 El neutrales Öl
Salz
Schwarzer Pfeffer aus der Mühle
1 El Rosenpaprikapulver
4 Scheiben Roggenbrot
2 El Kapern

INFO

Schabefleisch muss immer tagesfrisch sein. Lassen Sie sich bei Ihrem Metzger ein von Ihnen ausgesuchtes Stück Rindfleisch frisch durch den Fleischwolf drehen. Nur so sind Sie sicher, dass es auch garantiert nicht schon Stunden in der Auslage lag.

LANGOS

LANGOS

Für 4 Personen
Vorbereitungszeit: 30 Min. (ohne Wartezeit)/Backzeit: ca. 10 Min.

ZUTATEN

500 g Mehl
1 Hefewürfel
1 Prise Zucker
4 El lauwarme Milch
5 Knoblauchzehen
2 El Öl
Salz
Grobes Meersalz

Vorbereitung

Das Mehl in eine Schüssel sieben. In die Mitte eine Mulde drücken, die Hefe hineinbröseln, den Zucker darüber geben und etwas lauwarme Milch zufügen. Abgedeckt an einem warmen Ort 30 Minuten gehen lassen. Den Knoblauch schälen, fein würfeln, mit dem Öl vermischen und salzen.

Zubereitung

Den Teig nochmals kneten, mit etwas Mehl bestäuben und weitere 20 Minuten gehen lassen. Auf einer mit Mehl bestreuten Arbeitsfläche werden kleine, etwa handtellergroße und 2 cm dicke Stücke aus dem Hefeteig geformt und in der Fritteuse gebacken, bis sie eine goldgelbe Farbe angenommen haben. Auf Küchenpapier abtropfen lassen.

Servieren

Zum Servieren werden die kleinen Fladen mit dem Knoblauchöl bestrichen und mit grob gekörntem Meersalz bestreut.

INFO

Es gibt viele Möglichkeiten, Langos zuzubereiten. So können die frittierten Hefefladen mit Paprikasoße, Kümmel, saurer Sahne oder Käse genossen werden. Bei der süßen Variante tauscht man Salz gegen Zucker und genießt die frischen Langos mit Marmelade oder Honig.

SAURE EIER

Für 4 Personen
Zubereitungszeit: 30 Min./Kochzeit: ca. 20 Min.

Vorbereitung

Die Zwiebel schälen und fein würfeln. Die Zitrone gründlich waschen und die Schale vorsichtig abreiben.

Zubereitung

Das Butterschmalz in einen Topf mit dickem Boden geben und schmelzen. Den Zucker einstreuen und goldbraun rösten. Das Mehl darüber stäuben und unter ständigem Rühren weiterrösten. Die Zwiebelwürfel dazugeben, erst mit Essig und dann mit Milch aufgießen. Alle Gewürze und den Senf dazugeben und einmal heftig aufkochen lassen. Den Topf von der Flamme ziehen, die Soße durch ein Haarsieb gießen und wieder in den Topf füllen. Erneut zum Sieden bringen und nach und nach die Eier in die Soße schlagen. Mit einem Löffel das Eiweiß um das Eigelb formen.

Die Eier in der siedenden Soße für etwa 7–8 Minuten pochieren. Zum Schluss vorsichtig die aufgerührte saure Sahne unter die Soße ziehen.

Servieren

Füllen Sie je 2 Eier und eine Suppenkelle der Soße in Suppentassen und streuen Sie die Kapern darüber. Reichen Sie zu den sauren Eiern ein kräftiges dunkles Bauernbrot.

ZUTATEN

1 kleine Zwiebel
1 unbehandelte Zitrone
75 g Butterschmalz
2 El Zucker
100 g Mehl
100 ml Essig
750 ml Milch
Schwarzer Pfeffer aus der Mühle
Salz
2 Lorbeerblätter
1 El Senf
8 Eier
150 ml saure Sahne
2 El Kapern

INFO

Wer sich nicht traut, die Eier in der Soße zu pochieren, kann wachsweich gekochte Eier in die Soße geben.

Ungarische Fischsuppe

Suppe nach Paloczenart

Maronensuppe

Hühner- & Rindfleischsuppe

Klare Ochsenschwanzsuppe

Sauerampfercremesuppe mit Hechtklösschen

Kohlsuppe mit saurer Sahne

Ungarische Gulaschsuppe

SUPPEN

UNGARISCHE FISCHSUPPE

Für 6 Personen
Zubereitungszeit: 40 Min./Kochzeit: ca. 45 Min.

UNGARISCHE FISCHSUPPE

ZUTATEN

500 g Hecht
500 g Karpfen
500 g Stör
500 g Zander
4 Zwiebeln
1 Tl Salz
1 El Edelsüßpaprikapulver
¼ Tl Rosenpaprika

INFO

Für die echte ungarische Fischsuppe müssen mindestens 3 Süßwasserfischsorten verwendet werden. Bestellen Sie sie rechtzeitig bei Ihrem Fischhändler. Er wird nicht immer alle frisch auf Lager haben.

Vorbereitung

Die Fische waschen und in mundgerechte Stücke teilen. Die Zwiebeln schälen und in dünne Scheiben schneiden.

Zubereitung

Eine große Kasserolle mit Wasser ausspülen. Als unterste Lage den geteilten Hecht einfüllen. Mit Zwiebelscheiben belegen, dann Karpfen, Stör und Zander mit je einer Schicht Zwiebeln in die Kasserolle füllen. Die letzte Schicht sollte immer Fisch sein. Nun so viel Wasser angießen, dass die Fischstücke bedeckt sind. Das Salz dazugeben und alles aufkochen lassen. Erst wenn das Wasser kocht, die beiden Paprikapulver zufügen. Bei mäßiger Hitze 45 Minuten leicht kochen lassen. In dieser Zeit die Fischstücke nicht umrühren, sondern nur am Topf rütteln. Die Fischstücke würden sonst zerfallen und die Suppe würde trübe.

Servieren

Mit einer Suppenkelle die Fischsuppe in Teller füllen und mit knusprigem Weißbrot genießen.

SUPPE NACH PALOCZENART

Für 6–8 Personen
Zubereitungszeit: 45 Min./Kochzeit: 1 ½ Std.

Vorbereitung

Den Speck würfeln, Zwiebeln und Knoblauch schälen und ebenfalls würfeln. Das Hammelfleisch waschen, trocknen und in mundgerechte Stücke schneiden. Die Bohnen entfädeln und in etwa 3 cm lange Stücke schneiden. Kartoffeln schälen, würfeln und waschen. Petersilie waschen, trocknen und hacken.

Zubereitung

Den Speck in einem Topf ausbraten. Die Zwiebel mit den Knoblauchwürfeln zufügen und goldbraun anschwitzen. Mit Paprikapulver bestreuen und das Hammelfleisch einfüllen. Herzhaft salzen, pfeffern, das Lorbeerblatt und den Kümmel zufügen und im geschlossenen Topf 30 Minuten dünsten. Hin und wieder ein wenig heiße Gemüsebrühe angießen. Bohnen und Kartoffeln in Salzwasser 12–15 Minuten kochen. Zum Fleisch geben und mit der rest-

lichen Gemüsebrühe aufgießen. Im geschlossenen Topf etwa 1 Stunde bei mittlerer Hitze köcheln lassen. Die saure Sahne mit der Speisestärke vermischen, die Suppe vom Herd ziehen und mit der angerührten Speisestärke binden. Nochmals mit Salz und Pfeffer abschmecken.

Servieren

Die Suppe in eine Suppenterrine füllen und mit gehackter Petersilie bestreut servieren.

ZUTATEN

100 g durchwachsener Speck
3 Zwiebeln
2 Knoblauchzehen
1 kg Hammelfleisch
1 kg grüne Bohnen
6 große Kartoffeln
1 Bund Petersilie
½ Tl Rosenpaprikapulver
Salz
Schwarzer Pfeffer
aus der Mühle
1 Lorbeerblatt
½ Tl Kümmel
1 l heiße Gemüsebrühe
200 g saure Sahne
1 El Speisestärke

INFO

Die Suppe nach Paloczenart lässt sich gut vorbereiten und schmeckt aufgewärmt noch einmal so gut.

SUPPE NACH PALOCZENART

27

MARONENSUPPE

MARONENSUPPE

Für 4 Personen
Zubereitungszeit: 30 Min./Back- & Kochzeit: ca. 50 Min.

ZUTATEN

400 g Maronen
250 ml Schlagsahne
100 g Butter
1 Tl Zucker
500 ml Gemüsebrühe
200 ml Weißwein
1 cl Weinbrand
Salz
Weißer Pfeffer
aus der Mühle

Vorbereitung

Die Maronen an der spitzen Seite kreuzweise einschneiden und im Backofen bei 200 °C 10 Minuten backen. Etwas abkühlen lassen, schälen und von allen Häutchen befreien. Die Sahne leicht anschlagen.

Zubereitung

Die Butter in einem Topf erhitzen und dann den Zucker unter ständigem Rühren hinzugeben und karamellisieren lassen. Die geschälten Maronen dazugeben und etwa 5 Minuten andünsten. Dann die Brühe, den Wein und den Weinbrand hinzugeben. Auf kleiner Flamme köcheln lassen, salzen und pfeffern. Nach 30 Minuten den Topf vom Herd nehmen und mit dem Stabmixer pürieren. Nochmals abschmecken.

Servieren

Die Sahne unterrühren, die Maronensuppe in Suppenschalen füllen und sofort servieren.

INFO

Streuen Sie geröstete Weißbrotcroûtons über die Suppe. Sie verleihen dieser einen besonderen Pfiff.

HÜHNER- & RINDFLEISCHSUPPE

Hühner- & Rindfleischsuppe

Für 4–6 Personen
Zubereitungszeit: 30 Min./Kochzeit: 1 ¾ Std.

Vorbereitung

Suppenfleisch und Suppenhuhn waschen, in einen großen Topf geben, so viel Wasser angießen, dass beides bedeckt ist, und mit Salz und Pfefferkörnern zum Kochen bringen. Eine gute Stunde bei mittlerer Hitze kochen lassen. Lauch, Sellerie, Möhre, Kohlrabi, Zwiebel und Knoblauch putzen, ggf. waschen und in mundgerechte Stücke schneiden

Zubereitung

Das vorbereitete Gemüse zum Fleisch geben und weitere 30 Minuten köcheln lassen. Das Fleisch und das Huhn aus der Suppe heben, etwas abkühlen lassen. Jetzt die Blumenkohlröschen und die Erbsen in den Topf geben und weitere 10 Minuten köcheln lassen. Das Fleisch in dünne Scheiben schneiden, das Huhn von Haut und Knochen lösen und ebenfalls klein schneiden. Beides wieder in den Topf füllen und erhitzen. Mit Salz, Pfeffer und frisch geriebener Muskatnuss würzen.

Servieren

Füllen Sie die Suppe in eine vorgewärmte Suppenterrine und bringen Sie die Suppe so heiß wie möglich zu Tisch.

ZUTATEN

500 g Suppenfleisch
1 Suppenhuhn
1 Tl Salz
½ Tl schwarze Pfefferkörner
1 Stange Lauch
¼ Sellerieknolle
1 Möhre
1 Kohlrabi
1 Zwiebel
2 Knoblauchzehen
200 g Blumenkohlröschen
100 g Erbsen (TK)
Schwarzer Pfeffer
aus der Mühle
Muskatnuss

INFO

Wenn Sie kein Suppenhuhn bekommen, können Sie auch eine kleine Poularde nehmen. Poularden haben allerdings nicht so viel Fett wie Suppenhühner.

KLARE OCHSEN-SCHWANZSUPPE

Für 4–6 Personen
Zubereitungszeit: 45 Min./Kochzeit: 2 ½ Std.

ZUTATEN

1 kg Ochsenschwanz
1 Stange Lauch
¼ Sellerieknolle
1 Möhre
1 Zwiebel
1 El Butterschmalz
1 l Fleischbrühe
1 Lorbeerblatt
1 Tl Pfefferkörner
Salz
2 cl süßer Tokajer

INFO

Wer einen Schnellkochtopf hat, zaubert diese köstliche Suppe in einem Drittel der Zeit.

KLARE OCHSENSCHWANZSUPPE

Vorbereitung

Den Ochsenschwanz vom Metzger in 3 cm lange Stücke hacken lassen. Gründlich waschen und trocknen. Alle Gemüse putzen, waschen, trocknen und grob zerteilen.

Zubereitung

Das Butterschmalz in einem Topf schmelzen und die Ochsenschwanzstücke darin von allen Seiten anbraten. Das Gemüse dazugeben und ebenfalls Farbe nehmen lassen. Fleischbrühe, Lorbeerblatt, Pfefferkörner und Salz zufügen und im geschlossenen Topf für ca. 2 ½ Stunden bei kleiner Hitze köcheln lassen. Den entstehenden Schaum hin und wieder abschöpfen. Die Suppe vom Herd ziehen und durch ein feines Sieb abgießen. Vom Ochsenschwanz das Fleisch abpulen und in kleine Stücke schneiden. Die Suppe mit den Fleischstückchen wieder in den Topf

füllen, erwärmen, mit Tokajer würzen und erneut abschmecken.

Servieren

Füllen Sie die heiße klare Ochsenschwanzsuppe in vorgewärmte Suppentassen und reichen Sie dazu knuspriges Weißbrot.

SAUERAMPFERCREME-SUPPE MIT HECHTKLÖSSCHEN

Für 4 Personen
Zubereitungszeit: 45 Min. (ohne Wartezeit)/Kochzeit: ca. 35 Min.

Vorbereitung

Sauerampfer und Blattspinat waschen und trocknen. Zwiebel schälen und würfeln. Petersilie waschen, trocknen und fein hacken. Das Hechtfleisch im Cutter zerkleinern, mit allen Zutaten – außer dem Fischfond – vermischen und im Kühlschrank 1 Stunde ruhen lassen.

Zubereitung

Butter in einem Topf zerlassen, die Zwiebelwürfel mit Sauerampfer und Spinat darin etwa 10 Minuten dämpfen. Die Hälfte der Gemüsebrühe angießen, aufkochen lassen und mit dem Stabmixer pürieren. Die restliche Brühe dazugeben und 10 Minuten leicht köcheln lassen. Sahne mit den Eigelben verrühren, die Suppe vom Herd ziehen und mit der Eiersahne legieren. Mit Zucker und Salz würzen.

Den Fischfond erhitzen. Den Hechtteig aus dem Kühlschrank nehmen und mit einem feuchten Teelöffel kleine Klößchen abstechen, in den heißen Fischfond geben und einige Minuten leicht köcheln lassen. Wenn die Klößchen gar sind, schwimmen sie an der Oberfläche. Mit einer Schaumkelle abfischen und auf Küchenpapier abtropfen lassen.

Servieren

Die Sauerampfersuppe in Suppenschalen füllen, je zwei Hechtklößchen darauf setzen und mit Petersilie bestreut servieren.

ZUTATEN

Für die Suppe:
200 g Sauerampfer
100 g Blattspinat
1 Zwiebel
1 Bund Petersilie
2 El Butter
750 ml Gemüsebrühe
250 ml Sahne
3 Eigelbe
1 Prise Zucker
1 gute Prise Salz

Für die Hechtklößchen:
200 g Hechtfleisch
2 Eiweiße
60 ml Sahne
3 El Semmelbrösel
Salz
Weißer Pfeffer
aus der Mühle
1 l Fischfond

INFO

Bei den Hechtklößchen unbedingt ein Testklößchen kochen. Wenn es zerfällt, müssen noch etwas mehr Semmelbrösel in den Teig.

SAUERAMPFERCREMESUPPE

KOHLSUPPE MIT SAURER SAHNE

Für 6 Personen
Zubereitungszeit: 30 Min./Koch- & Bratzeit: 40 Min.

KOHLSUPPE MIT SAURER SAHNE

ZUTATEN

1 kleiner Weißkohl
2 Zwiebeln
1 Bund Petersilie
3 El Butter
1 El Rosenpaprikapulver
1 Tl Kümmel
Schwarzer Pfeffer
aus der Mühle
1 l Gemüsebouillon
Salz
2 El Essig
1 Tl Zucker
1 Tl Speisestärke
100 ml saure Sahne

INFO

Wer mag, kann ein Stück durchwachsenen Speck mit der Suppe kochen. Dann aber bei der Zugabe von Salz vorsichtig sein.

Vorbereitung

Den Weißkohl putzen und in feine Streifen schneiden. Die Zwiebeln schälen und fein hacken. Petersilie waschen, trocknen und fein wiegen.

Zubereitung

1 gehackte Zwiebel in der Hälfte der Butter anschwitzen. Weißkohl, Paprikapulver, Kümmel und Pfeffer zufügen und mit so viel Gemüsebouillon aufgießen, dass der Kohl bedeckt ist. 25 Minuten im geschlossenen Topf weich kochen. Jetzt salzen sowie Essig und Zucker zufügen. Die restliche Butter in einer Pfanne erhitzen und darin die übrigen Zwiebelwürfel kross ausbraten. Mit der Speisestärke bestreuen und eine helle Schwitze herstellen. Die restliche Gemüsebouillon dazugeben, zusammen in die Suppe füllen und noch einmal aufkochen lassen.

Servieren

Servieren Sie die Kohlsuppe in Suppenschalen. Setzen Sie auf jede Suppe einen Klecks saure Sahne, und bringen Sie sie mit Petersilie bestreut zu Tisch.

Ungarische Gulaschsuppe

Ungarische Gulaschsuppe

Für 6 Personen
Zubereitungszeit: 40 Min./Kochzeit: ca. 2 Std.

Vorbereitung

Das Rindfleisch waschen, trocknen und in Würfel schneiden. Zwiebeln schälen und würfeln. Kartoffeln schälen und würfeln, Tomaten überbrühen, schälen, die Kerne entfernen und in Würfel schneiden.

Zubereitung

Das Schmalz in einem Bräter erhitzen und darin die Zwiebelwürfel goldgelb anrösten. Die Fleischwürfel dazugeben, unterheben und den Bräter von der Flamme nehmen. Jetzt Paprikapulver, Salz und Kümmel darüber streuen und alles gut vermischen. Den Bräter wieder auf den Herd stellen und alles kurz anschmoren lassen. Mit so viel heißem Wasser angießen, dass alles bedeckt ist, und im geschlossenen Topf bei mittlerer Hitze 1 ½ Stunden schmoren lassen. Die Kartoffeln zufügen und weitere 30 Minuten schmurgeln. Zum Schluss die Tomaten dazugeben, unterheben, eventuell Wasser angießen und noch einmal 20 Minuten köcheln lassen. Bei Bedarf noch nachwürzen.

Servieren

Servieren Sie die deftige Suppe mit einem kernigen Bauernbrot. Dazu schmeckt ein gekühlter Rotwein vom Plattensee.

ZUTATEN

1 kg Rindfleisch
(Schulter, Wade)
4 große Zwiebeln
5–6 große Kartoffeln
2 Tomaten
3 El Schmalz
2 El edelsüßes Paprikapulver
Salz
1 Tl Kümmel

INFO

Paprikapulver darf nie angeröstet werden. Wird es alleine zu stark erhitzt, wird es bitter.

Gefüllte Kohlrabi in Sauerrahmsosse

Letscho

Selleriesalat mit Walnüssen

Blumenkohlsalat mit Paprikamayonnaise

Würzige Tokajerzwiebelchen

Gefüllte Paprikaschoten

Zwiebelringe im Bierteigmantel

Gefülltes Kraut

Gefüllter Kürbis

SALATE & GEMÜSE

GEFÜLLTE KOHLRABI IN SAUERRAHMSOSSE

Für 4 Personen
Zubereitungszeit: 35 Min./Koch- & Backzeit: 55 Min.

GEFÜLLTE KOHLRABI

ZUTATEN

4 mittelgroße Kohlrabi mit
Blättchen
2 Schalotten
2 El Butter
Salz
Weißer Pfeffer
aus der Mühle
Frisch geriebene
Muskatnuss
300 ml Gemüsebrühe

Für die Füllung:
400 g gemischtes
Hackfleisch
Salz
Weißer Pfeffer
aus der Mühle
1 Tl Rosenpaprikapulver
1 Tl getrockneter Majoran
2 El gehackte Petersilie
2 Eigelbe

Für die Soße:
2 El Butter
1 El Mehl
250 ml saure Sahne
Einige Petersilienblättchen

INFO

*Die feinen Blättchen vom
Kohlrabi schmecken nicht nur
toll, sondern enthalten eine
Menge Vitamin C.*

Vorbereitung

*Die Blättchen von den Kohlrabi
abschneiden, waschen, blanchieren und fein gehackt beiseite
legen. Kohlrabi schälen, einen
schönen Deckel abschneiden und
mit einem Melonenkugelstecher
vorsichtig aushöhlen. Den Rand
dabei nicht verletzen. Das
Fruchtfleisch fein hacken. Die
Schalotten schälen und in
Würfel schneiden.*

Zubereitung

*Die Butter in einer Pfanne
erhitzen und das Fruchtfleisch
mit den Schalottenwürfeln
anbraten. Mit Salz, Pfeffer und
Muskatnuss würzen. Auskühlen
lassen und in eine große
Schüssel geben. Das Hackfleisch
mit allen Gewürzen zufügen
und gut vermischen. Die
Fleischmasse in die ausgehöhlten
Kohlrabi füllen und den Deckel
aufsetzen. Eine große Auflaufform mit etwas Butter ausreiben
und die Kohlrabi hineinsetzen.*

*Die Gemüsebrühe angießen und
die Form mit Alufolie verschließen. Im vorgeheizten Backofen
bei 200 °C etwa 45 Minuten
garen. In einem Topf die Butter
schmelzen, das Mehl einrühren
und anbraten. Die saure Sahne
einrühren und herzhaft mit
Salz, Pfeffer und Muskatnuss
würzen. 15 Minuten vor Ende
der Garzeit die Soße über die
Kohlrabi gießen und aufgedeckt
bis zum Ende garen.*

Servieren

*Die gefüllten Kohlrabi in der
Auflaufform mit Kohlrabi- und
Petersilienblättchen bestreut ser-
vieren.*

LETSCHO

Für 4 Personen
Zubereitungszeit: 30 Min./Koch- & Bratzeit: 45 Min.

Vorbereitung

Die Paprikaschoten waschen, halbieren, die weißen Häutchen und Kerne entfernen und in Streifen schneiden. Die Tomaten überbrühen, häuten und vierteln. Zwiebeln schälen und in Streifen schneiden.

Zubereitung

Die Speckwürfel in einer Kasserolle kross anbraten. Das Schmalz und die Zwiebelstreifen dazugeben und ebenfalls bräunen. Beide Paprikapulver und das Salz darüber streuen, vermischen und die Paprikaschoten mit den Tomaten zufügen. Alles auf mittlerer Flamme etwa 40 Minuten weich dünsten.

Servieren

Füllen Sie das Letscho in eine vorgewärmte Schüssel und reichen Sie dazu Fleisch oder knuspriges Brot.

ZUTATEN

1 kg gemischte Paprikaschoten
750 g Tomaten
3 Zwiebeln
50 g gewürfelter Speck
3 El Schmalz
1 Tl rosenscharfes Paprikapulver
1 Tl edelsüßes Paprikapulver
Salz

INFO

Letscho lässt sich gut vorbereiten und schmeckt aufgewärmt oder auch kalt.

SELLERIESALAT MIT WALNÜSSEN

Für 6 Personen
Zubereitungszeit: 30 Min. (ohne Wartezeit)

ZUTATEN

250 g Boskopäpfel
250 g Knollensellerie
300 g frische Ananas
250 g Walnüsse
3 El Zitrone
1 Prise Salz
½ Tl Zucker
Weißer Pfeffer
aus der Mühle
2 El Mayonnaise
100 g saure Sahne

Vorbereitung

Die Äpfel schälen, vierteln, Kerngehäuse entfernen und in kleine Würfel schneiden. Den Sellerie schälen, waschen und in feine Streifen hobeln. Ananas halbieren, eine Hälfte aus der Schale schneiden und fein würfeln. Die andere Hälfte anderweitig verwenden. Die Walnüsse knacken, die Kerne grob hacken.

Zubereitung

Alle Zutaten in eine große Schüssel füllen. Aus Zitrone, Salz, Zucker, Pfeffer, Mayonnaise und saurer Sahne ein cremiges Dressing rühren. Wenn es zu dickflüssig ist, mit etwas Milch verlängern. Das fertige Dressing über den Schüsselinhalt gießen, gut unterrühren und den Salat über Nacht im Kühlschrank durchziehen lassen.

Servieren

Den Salat einige Stunden vor dem servieren aus dem Kühlschrank nehmen. Mit frischen Ananaswürfeln oder Walnusskernen garnieren und servieren. Reichen Sie dazu ein frisches Weißbrot.

INFO

Je länger der Salat ziehen kann, desto besser verbinden sich die Aromen der frischen Zutaten.

Blumenkohlsalat mit Paprikamayonnaise

Für 4 Personen
Zubereitungszeit: 25 Min./Kochzeit: ca. 13 Min.

Vorbereitung

Den Blumenkohl putzen, in einzelne Röschen teilen und in Salzwasser etwa 10–13 Minuten bissfest garen. Das Wasser abgießen und die Blumenkohlröschen auskühlen lassen

Zubereitung

Die Mayonnaise in eine Schüssel füllen, die anderen Zutaten bis auf die Kapern zufügen und mit einem Schneebesen gut vermischen.

Servieren

Die Blumenkohlröschen auf 4 Teller anrichten und die Paprikamayonnaise gleichmäßig darüber gießen. Mit Kapern bestreut servieren.

ZUTATEN

1 Blumenkohl
Salz
150 g Mayonnaise
1 Tl Rosenpaprikapulver
50 g Joghurt
1 El Senf
4 El Essig
Schwarzer Pfeffer
aus der Mühle
2 El Kapern

BLUMENKOHLSALAT

INFO

Paprikamayonnaise schmeckt auf gedünsteten Kohlrabi, kalten, gekochten Spargel oder einfach über gekochten Kartoffeln.

WÜRZIGE TOKAJERZWIEBELCHEN

Für 4 Personen
Zubereitungszeit: 30 Min. (ohne Wartezeit)/Kochzeit: 5 Min.

ZUTATEN

1 kg Perlzwiebeln
500 ml trockener Tokajer
100 ml Weißweinessig
1 El Senfkörner
1 Tl Pfefferkörner
2 Nelken
2 Lorbeerblätter
Salz
1 Tl Zucker

Vorbereitung

Die Zwiebelchen schälen und entweder in ein ausreichend großes, sauberes Schraubglas füllen oder in entsprechend kleinere Portionen aufteilen.

Zubereitung

Den Tokajer mit allen anderen Zutaten in einen Topf füllen und einmal aufkochen lassen. Sofort über die Zwiebelchen gießen und das Glas verschließen. Das Glas auf den Verschluss stellen und so erkalten lassen. Die Zwiebelchen müssen wenigstens 1 Woche kühl gestellt im Sud ziehen, damit sie ihr volles Aroma erreichen.

Servieren

Die marinierten Tokajerzwiebelchen in kleine Schalen füllen und mit geröstetem, gebuttertem Brot genießen.

INFO

Tokajerzwiebelchen halten sich ungeöffnet bis zu 3 Monate, so dass man gleich mehrere Portionen auf einmal zubereiten kann. Wenn Sie kleinere Mengen in Gläser füllen, achten Sie darauf, dass alles von der Marinade bedeckt ist.

WÜRZIGE TOKAJERZWIEBELCHEN

GEFÜLLTE PAPRIKASCHOTEN

GEFÜLLTE PAPRIKASCHOTEN

Für 4 Personen
Zubereitungszeit: 30 Min./Bratzeit: 35 Min.

Vorbereitung

Von den Paprikaschoten einen
Deckel abschneiden, alle Kerne
und weiße Häutchen entfernen
und gründlich waschen. Zwiebel
und Knoblauch schälen und beides fein hacken. Den Reis in
Salzwasser 20 Minuten garen,
abgießen und abkühlen lassen.

Zubereitung

Das Schmalz erhitzen und
darin Zwiebel- und
Knoblauchwürfel anbraten. Das
Fleisch zufügen, anbraten und
herzhaft mit Salz, Pfeffer und
Paprikapulver würzen. In eine
Schüssel füllen und etwas
abkühlen lassen. Mit dem
gekochten Reis und dem Ei vermischen und gleichmäßig in die
vorbereiteten Paprikaschoten verteilen. Eine Auflaufform ausfet-
ten, die Paprikaschoten im farb-
lichen Wechsel einfüllen und den
Tomatensaft angießen. Den
Backofen auf 200 °C vorheizen
und die Paprikaschoten ca. 30

Minuten darin garen. Die
Paprikaschoten auf einen Teller
setzen, die Tomatensoße mit
Zucker, Salz und Pfeffer abschmecken und mit der in etwas
Wasser aufgelösten Speisestärke
binden.

Servieren

Die Paprikaschoten wieder in
die Form stellen und servieren.

ZUTATEN

4 grüne Paprikaschoten
4 rote Paprikaschoten
1 rote Zwiebel
2 Knoblauchzehen
½ Tasse Reis
Salz
2 El Schmalz
400 g Schweinhackfleisch
Schwarzer Pfeffer
aus der Mühle
1 Tl Rosenpaprika
1 Ei
500 ml Tomatensaft
½ Tl Zucker
1 El Speisestärke

INFO

Wer mag, kann die Tomatensoße mit etwas saurer Sahne
verfeinern.

49

ZWIEBELRINGE IM BIERTEIGMANTEL

Für 4 Personen
Zubereitungszeit: 30 Min. (ohne Wartezeit)/Backzeit: 8–10 Min.

ZUTATEN

300 g Mehl
4 Eier
4 El Sahne
4 El Bier
Salz
Schwarzer Pfeffer
aus der Mühle
¼ Tl gemahlener Kümmel
4 Gemüsezwiebeln
Fett zum Frittieren

Vorbereitung

Das Mehl in eine Schüssel sieben, die anderen Zutaten zufügen und mit dem Handrührer zu einem dickflüssigen Teig verrühren. Den Teig abgedeckt 1 Stunde ruhen lassen. Die Zwiebeln schälen und in 1 cm dicke Scheiben schneiden.

Zubereitung

In einem Frittiertopf das Fett erhitzen. Die Zwiebelringe in den Teig tauchen und gleich im heißen Fett goldbraun ausbacken. Mit einem Schaumlöffel abfischen und zum Entfetten auf einen mit Küchenpapier ausgelegten Teller legen.

Servieren

Servieren Sie die knusprigen und herzhaften Zwiebelringe auf einer vorgewärmten Platte.

INFO

Zwiebelringe im Bierteigmantel sind ein köstlicher Partysnack.

ZWIEBELRINGE IM BIERTEIGMANTEL

GEFÜLLTES KRAUT

Für 4 Personen
Zubereitungszeit: 30 Min./Koch- & Bratzeit: 30 Min.

Vorbereitung

Vom Weißkohl 8 schöne große Blätter lösen und waschen. In der heißen Gemüsebrühe 5 Minuten blanchieren. Herausnehmen und abtropfen lassen. Die Gemüsebrühe aufbewahren. Die Zwiebel schälen und fein würfeln. Den Schinkenspeck würfeln.

Zubereitung

1 El Schmalz in einer Pfanne erhitzen und darin die Zwiebelwürfel glasig werden lassen. Das Hackfleisch und die Schinkenwürfel zufügen und kurz durchbraten. Pfanneninhalt abkühlen lassen. Mit Ei, Salz und Pfeffer vermischen. Die Kohlblätter ausbreiten und die Fleischmasse darauf verteilen. Die Kohlblätter erst seitlich einschlagen, dann aufrollen. Mit Küchengarn zu kleinen Päckchen verschnüren. Das restliche Schmalz in einem Topf schmelzen. Den Zucker einstreuen und karamellisieren

lassen. Die Kohlpäckchen darauf setzen und unter Wenden von allen Seiten bräunen. Die Gemüsebrühe angießen und im geschlossenen Topf 15 Minuten garen. Die Krauttäschchen auf eine Platte legen und im Backofen warm halten. Die Soße mit der in wenig Wasser aufgelösten Speisestärke binden und noch einmal abschmecken.

Servieren

Das gefüllte Kraut auf der Platte servieren, die Soße separat dazu reichen. servieren Sie dazu frische Salzkartoffeln.

ZUTATEN

1 Weißkohl
500 ml Gemüsebrühe
1 Zwiebel
200 g Schinkenspeck
2 El Schmalz
250 g Schweinehackfleisch
1 Ei
Salz
Schwarzer Pfeffer
aus der Mühle
1 Tl Zucker
1 Tl Speisestärke

INFO

Den restlichen Kohl fein hobeln und mit Butter, Kümmel, Salz und Pfeffer dünsten. Das ist eine leckere Beilage zu einem Braten oder eine gute Basis für eine Kohlsuppe.

GEFÜLLTER KÜRBIS

Für 4 Personen
Zubereitungszeit: 25 Min./Backzeit: 55 Min.

ZUTATEN

2 kleine Hokkaido-Kürbisse
125 ml Milch
1 altbackenes Brötchen
500 g Hackfleisch »halb & halb«
1 Ei
1 Eigelb
125 ml Sahne
Salz
Schwarzer Pfeffer aus der Mühle
1 Tl getrockneter Majoran
50 g Butter
4 Scheiben milder Ziegenkäse

Vorbereitung

Die Kürbisse halbieren, auf der Unterseite einen Fuß schneiden, die Kerne und die Fasern entfernen. Die Milch erwärmen und das Brötchen darin einweichen.

Zubereitung

Das Hackfleisch in eine Schüssel geben. Das ausgedrückte Brötchen, Ei, Eigelb, Sahne, Salz, Pfeffer und Majoran zufügen und mit den Händen zu einem geschmeidigen Teig verarbeiten. Etwas ruhen lassen. Die Fleischfüllung auf die vier Kürbishälften verteilen. Mit einigen Butterflöckchen besetzt im auf 200 °C vorgeheizten Backofen 45 Minuten backen. Von den Ziegenkäsescheiben die Rinde entfernen, nach Ende der Backzeit auf das Hackfleisch legen und weitere 10 Minuten bei ausgeschaltetem Backofen backen.

Servieren

Setzen Sie je eine Kürbishälfte auf einen Teller. Mit einem Löffel dringt man durch die Käse-Fleisch-Masse auf weiches mürbes Kürbisfleisch. So bekommen Sie alle Aromen auf den Löffel.

INFO

Wer es noch üppiger mag, serviert zu den gefüllten Kürbissen eine erfrischende Kräuterjoghurtsoße.

FLEISCHGERICHTE

Kesselgulasch mit Teigflecken

KESSELGULASCH MIT TEIGFLECKEN

Für 4–6 Personen
Zubereitungszeit: 30 Min. (ohne Wartezeit)/Kochzeit: 1 ½ Std.

Vorbereitung

Das Rindfleisch waschen, trockentupfen und in mundgerechte Würfel schneiden. Die Zwiebeln schälen und würfeln.

Zubereitung

Das Schmalz in einem großen Bräter erhitzen und die Zwiebelwürfel darin Farbe nehmen lassen. Das Fleisch dazugeben und kräftig anbraten. Den Topf vom der Flamme nehmen und das Paprikapulver darüber streuen. Salz und Kümmel zufügen und gründlich unterheben. Mit Rotwein und heißem Wasser aufgießen, so dass alles knapp mit Flüssigkeit bedeckt ist. Den Deckel auf den Topf legen und bei mittlerer Hitze etwa 1 Stunde schmoren. Nun die geschälten und in Würfel geschnittenen Kartoffeln dazugeben und weiterköcheln lassen.

Für die Teigflecken aus Mehl, Ei und Salz einen festen Teig kneten. Auf der mit Mehl bestreuten Arbeitsfläche messerrückendick ausrollen und etwa 10 Minuten trocknen lassen. Die Fingerspitzen mit Mehl einreiben, den Teig in kleine Stücke zupfen und in den Topf geben. Weitere 10 Minuten köcheln lassen.

Servieren

Das Kesselgulasch in Suppentassen füllen und mit kräftigem, dunklem Brot reichen. Dazu passt der gleiche Wein, der zum Kochen verwendet wurde.

ZUTATEN

1 kg Rindfleisch aus der Schulter
500 g Zwiebeln
50 g Schmalz
1 Tl edelsüßes Paprikapulver
Salz
1 Tl Kümmel
250 ml trockener Rotwein
800 g Kartoffeln

Für die Teigflecken:
80 g Mehl
1 Ei
Salz
Mehl für die Arbeitsfläche

INFO

Bereiten Sie das Kesselgulasch in größerer Menge zu. Es lässt sich prima einfrieren.

57

HEIDUCKENKRAUT

Für 4 Personen
Zubereitungszeit: 20 Min./Kochzeit: ca. 1 Std.

HEIDUCKENKRAUT

ZUTATEN

750 g ausgelöstes Kasseler
2 Zwiebeln
1 kg Sauerkraut
250 g Debrecziner Wurst
100 g Schmalz
½ Tl Kümmel
Salz
1 Tl edelsüßes Paprikapulver

INFO

Wenn Sie keine Debrecziner Wurst bekommen, können Sie jede andere Brühwurst verwenden.

Vorbereitung

Das Fleisch in 2 cm große Würfel schneiden. Zwiebeln schälen und in Scheiben schneiden. Sauerkraut waschen und gut ausdrücken. Die Debrecziner Wurst in 2 cm dicke Scheiben schneiden.

Zubereitung

50 g Schmalz in einem Bräter erhitzen. Die Hälfte der Zwiebelscheiben darin anbraten. Kümmel und Sauerkraut zufügen und gut vermischen. Mit 500 ml Wasser aufgießen, salzen und in 30 Minuten weich kochen. Das restliche Schmalz erhitzen, Zwiebelscheiben, Paprikapulver einstreuen und die Fleischwürfel darauf setzen. 20 Minuten schmoren lassen. Die Wurstscheiben zufügen und weitere 10 Minuten garen. Nun das fertig gekochte Sauerkraut unter das Fleisch ziehen, vermischen und noch mal aufkochen.

Servieren

Servieren Sie das Heiduckenkraut in Suppentellern und reichen Sie kleine Nudeln oder Eiergraupen dazu.

Schweinenieren mit Flecken

Für 4 Personen
Zubereitungszeit: 40 Min. (ohne Wartezeit)/Brat- & Garzeit: ca. 40 Min.

Vorbereitung

Die Schweinenieren 2–3 Stunden in wechselndem Wasser wässern. Anschließend alle Häutchen und Sehnen entfernen, trockentupfen und in Scheiben schneiden. Die Zwiebeln schälen und in dünne Scheiben schneiden. Für die Teigflecken aus Mehl, Ei und Salz einen festen Teig kneten. Auf der mit Mehl bestreuten Arbeitsfläche messerrückendick ausrollen und etwa 10 Minuten trocknen lassen.

Zubereitung

Das Schmalz in einer Pfanne erhitzen und die Zwiebelscheiben darin anrösten. Die Nierenscheiben zufügen und einige Minuten mitrösten. Das Mehl darüber stäuben und die saure Sahne und den Essig unterziehen. Alles wieder kurz erhitzen und die Pfanne vom Herd ziehen. Paprikapulver einrühren und mit 125 ml heißem Wasser aufgießen. Die Nierchen bei mittlerer Hitze etwa 25–30 Minuten garen lassen. Die Hände mit Mehl einreiben, den Fleckenteig in kleine Stücke zupfen und in die Pfanne zu den Nierenscheiben geben. 10 Minuten mit köcheln lassen.

Servieren

Richten Sie die Nierenscheiben mit den Teigflecken in einer vorgewärmten Schüssel an.

Zutaten

800 g Schweinenieren
2 Zwiebeln
50 g Schmalz
1 El Mehl
50 g saure Sahne
1 El Essig
1 Tl Rosenpaprikapulver

Für die Teigflecken:
80 g Mehl
1 Ei
Salz
Mehl für die Arbeitsfläche

Info

Nieren sollten wenigstens 2 Stunden in wechselndem Wasser gewässert werden, damit sie ihren strengen Geschmack verlieren.

59

PAPRIKARAHMSCHNITZEL

Paprikarahmschnitzel mit Nockerln

Für 4 Personen

Zubereitungszeit: 40 Min. (ohne Wartezeit)/Koch- & Bratzeit: ca. 20 Min.

Vorbereitung

Die Kalbsschnitzel unter Klarsichtfolie legen und mit dem Fleischklopfer flach klopfen. Die Fleischränder einschneiden, damit sich das Fleisch beim Braten nicht wellt. Die Schnitzel von beiden Seiten leicht salzen und pfeffern und im Mehl wenden. Überschüssiges Mehl abklopfen. Die Zwiebel schälen und würfeln. Für die Nockerln das Mehl mit allen Eiern und etwas Salz vermischen und einen dickflüssigen, zähen Teig rühren. Wenn nötig, etwas kaltes Wasser zufügen. Abgedeckt 15 Minuten ruhen lassen. Einen großen Topf mit Salzwasser zum Kochen bringen.

Zubereitung

In einer großen Pfanne etwas Schmalz erhitzen und die Schnitzel darin von beiden Seiten in etwa 3 Minuten goldbraun braten. In einer weiteren Pfanne Schmalz erhitzen und darin Speck und Zwiebelwürfel glasig dünsten. Die Pfanne vom Herd ziehen und den Pfanneninhalt mit Paprikapulver bestreuen. Den Weißwein angießen und die mit Speisestärke verrührte saure Sahne unterziehen. Die Kalbsschnitzel in die Soße legen und auf kleiner Flamme weitere 5–8 Minuten ziehen lassen. Den Teig durch eine Nockerlnpresse in das kochende Wasser drücken. Wenn die Nockerln an der Wasseroberfläche schwimmen, mit einem Schaumlöffel abfischen, kalt abschrecken und in geschmolzener Butter wenden.

Servieren

Richten Sie die Kalbsschnitzel auf einer Platte an und gießen Sie die Soße darüber. Reichen Sie die Butternockerln in einer separaten Schüssel.

ZUTATEN

4 Kalbsschnitzel
Salz
Weißer Pfeffer
aus der Mühle
2 El Mehl
1 Zwiebel
60 g Schmalz
40 g gewürfelter
durchwachsener Speck
1 Tl Rosenpaprikapulver
50 ml Weißwein
1 Tl Speisestärke
150 ml saure Sahne

Für die Nockerln:
250 g Mehl
4 Eier
Salz
2 El Butter

INFO

Verwenden Sie zum Fleischklopfen einen glatten Fleischklopfer. Klopfer mit Zacken zerstören die Fleischstruktur und das Fleisch wird beim Braten trocken.

61

GEFÜLLTE HAMMELKEULE

GEFÜLLTE HAMMELKEULE

Für 6 Personen
Zubereitungszeit: 50 Min./Bratzeit: 1 Std. 40 Min.

ZUTATEN

1 Hammelkeule (1,5 kg)
Salz
Schwarzer Pfeffer
aus der Mühle
1 Tl Rosmarinnadeln
1 Tl Thymianblättchen
100 g Schafskäse
100 g Ungarische Salami
3 Knoblauchzehen
2 El glatte Petersilie
100 g Lammhackfleisch
3 El Semmelbrösel
1 Ei
1 Eigelb

Zum Braten:
1 Möhre
2 kleine Zwiebeln
2 Knoblauchzehen
4 El Schmalz
Schwarzer Pfeffer
aus der Mühle
Salz
500 ml Rotwein

INFO

Hammelfleisch ist kräftiger im Geschmack. Wer es nicht so intensiv mag, sollte lieber eine Lammkeule verwenden.

Vorbereitung

Die Hammelkeule vom Metzger ausbeinen lassen. Die so entstandene Tasche innen reichlich salzen und pfeffern. Rosmarinnadeln hacken, mit den Thymianblättchen vermischen, den Schafskäse zerdrücken, Salami ohne Haut in Würfel schneiden. Knoblauch schälen und durch die Presse drücken, Petersilie waschen, trocknen und hacken. Für den Bräter Möhre, Zwiebeln und Knoblauch schälen und grob zerkleinern.

Zubereitung

Die vorbereiteten Zutaten für die Keule mit Lammhackfleisch, Semmelbröseln sowie Ei und Eigelb in eine Schüssel füllen und mit den Händen zu einem geschmeidigen Teig verarbeiten. Die Füllung in die durch das Ausbeinen entstandene Tasche füllen. Mit Küchengarn die Hammelkeule gut zubinden. In einem großen Bräter das

Schmalz erhitzen. Darin die Möhre, Zwiebeln und Knoblauch anbraten und die Keule dazulegen. Von allen Seiten anbraten. Mit Pfeffer und Salz herzhaft würzen und die Hälfte vom Rotwein angießen. Den Deckel auflegen und den Bräter in den auf 180 °C vorgeheizten Backofen stellen. Nach 1 Stunde die Temperatur auf 160 °C runterschalten. Den restlichen Wein angießen und weitere 40 Minuten braten. Die Keule aus dem Bräter heben, unter Alufolie ruhen lassen. Mit dem Stabmixer das Gemüse pürieren und damit die Soße andicken. Noch einmal abschmecken, wenn nötig nachwürzen.

Servieren

Die Hammelkeule mit einem scharfen Messer in Scheiben schneiden und auf einer vorgewärmten Platte anrichten. Die Soße separat dazu reichen.

RINDERPÖRKÖLT

Für 4–6 Personen
Zubereitungszeit: 30 Min./Kochzeit: ca. 1 Std.

RINDERPÖRKÖLT

ZUTATEN

1 kg Rindfleisch
(Gulaschfleisch)
5 Zwiebeln
2 Knoblauchzehen
50 g Schmalz
1 El edelsüßes
Paprikapulver
2 El Tomatenmark
½ Tl Kümmel
½ getrockneter Majoran
Salz
Schwarzer Pfeffer
aus der Mühle
500 ml Rotwein

Vorbereitung

Das Fleisch in mundgerechte Würfel schneiden. Die Zwiebeln und den Knoblauch schälen und würfeln.

Zubereitung

Das Schmalz in einem Bräter erhitzen und die Zwiebeln darin goldbraun rösten. Den Topf vom Herd nehmen, Paprikapulver über die Zwiebeln streuen und vermischen. Das Fleisch zufügen und ebenfalls Farbe nehmen lassen. Knoblauch, Tomatenmark und alle Gewürze zufügen und den Rotwein angießen. Im geschlossenen Topf 1 Stunde schmoren lassen. Wenn zu viel Flüssigkeit verdampft ist, mit etwas heißem Wasser aufgießen.

Servieren

Füllen Sie das Rinderpörkölt in eine vorgewärmte Schüssel und servieren Sie dazu Salzkartoffeln und einen Gurkensalat mit frischem Dill.

INFO

Durch die vielen Zwiebeln bekommt das Pörkölt seine sämige Soße und braucht darum nicht mit Mehl gebunden werden.

Tokany – Fleischtopf nach Hirtenart

Für 4–6 Personen
Zubereitungszeit: 30 Min./Koch- & Bratzeit: 1 ¼ Std.

Vorbereitung

Das Schweinefleisch und den Speck in ½ cm breite und 5 cm lange Streifen schneiden. Zwiebeln und Knoblauch schälen und fein hacken. Die Essiggurken in Längsstreifen schneiden.

Zubereitung

Das Schmalz in einem Bräter schmelzen und den Speck darin anbraten. Die Zwiebel dazugeben, goldgelb anbraten, Tomatenmark und den Knoblauch zufügen und mit dem Weißwein aufgießen. Für 3 Minuten sprudelnd kochen lassen. Nun die Fleischstreifen in den Topf geben. Alles herzhaft mit Salz, Pfeffer und Paprikapulver würzen. Die Hitze reduzieren und etwa 1 Stunde köcheln lassen. 5 Minuten vor Ende der Garzeit die in Streifen geschnittenen Essiggurken auf das Fleisch legen und fertig dünsten. Die Soße sollte jetzt eine dickliche Konsistenz haben.

Servieren

Servieren Sie den Fleischtopf nach Hirtenart mit Petersilienkartoffeln.

ZUTATEN

800 g Schweineschulter
150 g durchwachsener Speck
2 Zwiebeln
2 Knoblauchzehen
2 Essiggurken
50 g Schmalz
1 El Tomatenmark
250 ml Weißwein
1 Tl Salz
Schwarzer Pfeffer aus der Mühle
1 Tl Rosenpaprikapulver

INFO

Anstelle der Essiggurken können auch die milderen Senfgurken verwendet werden.

TOKANY – FLEISCHTOPF

Geschmorte Gänsekeulen mit Äpfeln

Gefüllter Hecht mit Zitronensosse

Gedünsteter Karpfen auf Buttergemüse

Zander in der Salzkruste mit Senfsosse

Rehrücken mit Zimt und Nockerln

Wildschweinpörkölt

Gefüllte Hähnchen à la Károly Gundel

Poulardenpörkölt

Hasenbraten in Wacholderbeize

FISCH, WILD & GEFLÜGEL

GESCHMORTE GÄNSEKEULEN

GESCHMORTE GÄNSEKEULEN MIT ÄPFELN

Für 4 Personen
Zubereitungszeit: 20 Min./Bratzeit: ca. 1 Std.

Vorbereitung

Die Gänsekeulen waschen, trockentupfen und mit Salz und Pfeffer einreiben. Die Äpfel schälen, vierteln, das Kerngehäuse entfernen und klein schneiden.

Zubereitung

Einen Bräter ohne Fett erhitzen und die Keulen mit der Schnittseite in den Bräter legen. Von allen Seiten kräftig anbraten. 125 ml heißes Wasser angießen und die Keulen im abgedeckten Topf 45 Minuten schmoren. Äpfel, Zucker und Majoran zufügen und weitere 15 Minuten schmoren. Die Keulen aus dem Bräter nehmen, die Speisestärke mit wenig Wasser verrühren und den Gänsefond damit binden.

Servieren

Die Gänsekeulen auf einer Platte anrichten und die Apfelsoße separat dazu reichen. Zu den Keulen passen in Butter geschwenkte Nockerln und ein fruchtiger Rotwein.

ZUTATEN

4 Gänsekeulen
Salz
Weißer Pfeffer
aus der Mühle
3 säuerliche Äpfel
1 Prise Zucker
1 Tl getrocknete
Majoranblättchen
1 Tl Speisestärke

INFO

Wenn zu viel Fett auf der Soße schwimmt, die Soße 10 Minuten in das Eisfach stellen. Schon nach kurzer Zeit wird das Fett fest und kann mit einem Löffel abgehoben werden. Die Soße wieder erhitzen und servieren. Gänsefett lässt sich wunderbar in der Gemüseküche verwenden.

GEFÜLLTER HECHT MIT ZITRONENSOSSE

Für 4 Personen
Zubereitungszeit: 35 Min./Backzeit: 50 Min.

GEFÜLLTER HECHT

ZUTATEN

1 ganzer Hecht (ca. 1,8 kg)
Salz
Weißer Pfeffer
aus der Mühle
5 El Semmelbrösel
3 El Sahne
50 g durchwachsener Speck
50 g fetter Speck
1 Schalotte
3 getrocknete Steinpilze
4 große Champignons
2 Zwiebeln
3 El Butter

Für die Soße:
125 ml Sahne
2 El Zitronensaft
1 Tl abgeriebene
Zitronenschale
¼ Tl edelsüßes Paprikapulver

INFO

Hechtfleisch wird schnell trocken, darum so oft wie möglich während der Bratzeit den Fisch mit Butter und Bratensaft begießen.

Vorbereitung

Vom Fischhändler die Mittelgräte des Hechts auslösen lassen. Den Fisch gründlich waschen, trockentupfen, außen und innen salzen und pfeffern. Die Semmelbrösel mit der Sahne verrühren. Den Speck fein würfeln. Die Schalotte schälen und fein würfeln. Die Steinpilze in heißem Wasser einweichen und die Champignons putzen und fein hacken. Die Zwiebeln schälen und halbieren. Die Butter schmelzen.

Zubereitung

Den Speck in einer heißen Pfanne auslassen. Im Fett die gewürfelte Schalotte goldgelb dünsten. Steinpilze aus dem Wasser nehmen, ausdrücken, klein schneiden und mit den Champignons in die Pfanne geben. So lange dünsten, bis alle Feuchtigkeit verdampft ist. Den Pfanneninhalt auskühlen lassen. Die Semmelbrösel dazugeben

und vermischen. Mit Salz und Pfeffer abschmecken und die Masse in den Hechtbauch füllen. Den Bauch mit Zwirn oder Küchengarn zunähen. Den Fisch in eine gebutterte, feuerfeste Form legen, die Zwiebelhälften herumlegen und mit geschmolzener Butter übergießen. Im vorgeheizten Backofen etwa 40 Minuten bei 180 °C garen. Dabei immer wieder mit dem ausgetretenen Saft und Butter begießen. Den gebraten Fisch auf eine Platte legen, mit Alufolie abdecken und im ausgeschalteten Backofen warm halten. Die Zutaten für die Soße und den Bratensaft in einen kleinen Topf füllen, aufkochen, abschmecken und in eine Sauciere füllen.

Servieren

Servieren Sie den gefüllten Hecht auf der Platte mit etwas Soße übergossen. Reichen Sie die restliche Zitronensoße separat dazu.

GEDÜNSTETER KARPFEN AUF BUTTERGEMÜSE

Für 4 Personen
Zubereitungszeit: 20 Min./Kochzeit: 25 Min.

Vorbereitung

Lauch, Möhren und Sellerie putzen und waschen. Lauch in feine Ringe, Möhren in kleine Stifte und den Sellerie würfelig schneiden.

Zubereitung

Das Gemüse knapp mit Wasser bedecken, salzen, pfeffern und 10 Minuten köcheln lassen. Den Karpfen waschen, trockentupfen, in vier Stucke schneiden, mit allen Gewürzen auf das Gemüse setzen und weitere 15 Minuten bei mittlerer Hitze dünsten.

Servieren

Die Karpfenstücke auf einer Platte anrichten und mit dem Gemüse umlegen. Die Butter in einem kleinen Topf schmelzen, aufwallen lassen und über den Fisch und das Gemüse gießen. Reichen Sie dazu frische Salzkartoffeln und einen knackigen grünen Salat.

ZUTATEN

1 Stange Lauch
2 Möhren
¼ Knollensellerie
Salz
Weißer Pfeffer
aus der Mühle
1 kg küchenfertiger Karpfen
2 Lorbeerblätter
1 Msp. gemahlener Piment
100 g Butter

INFO

Mit einer Pinzette lassen sich die Gräten aus dem Karpfenfleisch leicht entfernen.

71

ZANDER IN DER SALZKRUSTE

Zander in der Salzkruste mit Senfsosse

Für 8 Personen
Zubereitungszeit: 25 Min./Backzeit: ca. 1 Std.

Vorbereitung

Den Zander waschen, innen und außen gut trocknen, die Bauchlappen so übereinander legen, dass sie den Bauch verschließen. Die Eiweiße mit dem Handrührer vermischen und langsam das Salz und das Mehl einarbeiten. Es muss ein dicker, fester Brei entstehen. Schnittlauch waschen, trocknen und in feine Ringe schneiden.

Zubereitung

Ein Backblech mit Backpapier auslegen. Einen Teil der Salzmasse auf dem Blech verteilen, den Zander mit der Bauchseite nach unten darauf setzen und die restliche Masse über dem Zander verteilen. Der Fisch muss vollständig mit der Salzpaste bedeckt sein. Das Backblech in die Mitte des auf 250 °C vorgeheizten Backofens schieben und eine gute Stunde backen. Für die Soße den Schmand mit Senf und Schnittlauch vermischen. Mit Salz und Pfeffer abschmecken und kühl stellen.

Servieren

Den Zander mit der Salzkruste auf eine große Platte heben. Am Tisch die Kruste mit einem Austernbrecher oder einem Messer mit kurzer Klinge öffnen. Die Filets herausheben und mit der Senfsoße servieren.

ZUTATEN

1 küchenfertiger Zander (2 kg)
10 Eiweiße
2 ½ kg Haushaltssalz
3 El Mehl

Für die Soße:
1 Bund Schnittlauch
200 ml Schmand
4 El Dijon-Senf
Salz
Weißer Pfeffer
aus der Mühle

INFO

Aus den übrig gebliebenen Eigelben mit etwas saurer Sahne und Schnittlauch am nächsten Tag ein lockeres Rührei bereiten.

REHRÜCKEN MIT ZIMT UND NOCKERLN

REHRÜCKEN MIT ZIMT

Für 6 Personen
Zubereitungszeit: 30 Min. (ohne Wartezeit)/Koch- & Bratzeit: 45 Min.

ZUTATEN

2 Sternanis
2 Tl Wacholderbeeren
2 Gewürznelken
1 kleine Zimtstange
2 Tl weiße Pfefferkörner
1 kg Rehrücken (mit Knochen, vom Wildhändler entsehnt und pariert)
Salz
4 El Schmalz
150 ml saure Sahne

Für die Nockerln:
500 g Mehl
Salz
4–5 Eier
2 El Butter

INFO

Auf der Unterseite des Rehrückens sind zwei kleine Filets versteckt. Lösen Sie diese vor dem Braten aus. Die Filets können separat in Butter gebraten und in Scheiben geschnitten auf einem Löwenzahnsalat genossen werden.

Vorbereitung

Sternanis, Wacholderbeeren, Nelken, Zimt und Pfeffer in einem Mörser sehr gut zerstoßen. Die Fleischseite des Rehrückens mit der Gewürzmischung einreiben. Alle Zutaten für die Nockerln – bis auf die Butter – mit dem Handrührgerät vermengen, nach und nach ca. 150 ml Wasser angießen und einen dickflüssigen Teig herstellen. Etwa 15 Minuten ruhen lassen. Einen großen Topf mit Salzwasser aufsetzen und zum Kochen bringen. Die Butter schmelzen.

Zubereitung

Den Rehrücken salzen, in einem Bräter oder einer Pfanne mit Schmalz auf der Fleischseite anbraten, dann auf die Knochenseite legen. Im vorgeheizten Backofen auf mittlerer Schiene bei 170 °C etwa 45 Minuten braten. Den Rehrücken aus dem Backofen nehmen, mit Alufolie abdecken und 10 Minuten ruhen lassen. Auf der Nockerlnreibe den Teig ins kochende Wasser reiben. Wenn die Nockerln an der Wasseroberfläche schwimmen, mit einem Schaumlöffel abfischen, abtropfen und in der geschmolzenen Butter wenden. In einer Schüssel warm stellen.

Servieren

Die beiden Rückenfilets vom Knochen lösen, in Medaillons schneiden und wieder an den Knochen legen. Aus dem Bratensaft mit wenig Wasser eine Soße ziehen und mit saurer Sahne verlängern. Reichen Sie dazu die buttrigen Nockerln und einen Rotwein vom Plattensee.

WILDSCHWEIN-PÖRKÖLT

Für 6 Personen
Zubereitungszeit: 30 Min. (ohne Wartezeit)/Kochzeit: ca. 2 Std.

Vorbereitung

Das Fleisch waschen und von Häuten und Sehnen befreien. In 10 gleich große Stücke schneiden. Salzen, pfeffern und in eine Schüssel legen. Rotwein, Zwiebeln, Knoblauch und alle Kräuter zufügen. Abgedeckt 24 Stunden im Kühlschrank ziehen lassen.

Zubereitung

Das Fleisch aus der Marinade heben, trockentupfen und nochmals salzen und pfeffern. Die Marinade durch ein Sieb gießen und auffangen. Schmalz in einem Bräter erhitzen und das Fleisch darin von allen Seiten anbraten. Mit dem Aprikosenbrand übergießen und Flambieren. Nun die Marinade und das Paprikapulver zufügen und das Fleisch im geschlossenen Bräter schmoren, bis es weich ist. Das kann etwa 2 Stunden dauern. Die Butter in dieser Zeit mit dem Mehl vermischen und in den Kühlschrank stellen. Die Mehlbutter zum Schluss in kleinen Stücken unterrühren und damit die Soße binden.

Servieren

Füllen Sie das Wildschweinpörkölt in eine vorgewärmte Schüssel. Dazu schmecken gebackene Kartoffeln und ein feines buttriges Gemüse.

ZUTATEN

1 kg Wildschweinfleisch
(Schmorbratenstück)
Salz
Schwarzer Pfeffer
aus der Mühle
1 l trockener Rotwein
4 grob zerteilte Zwiebeln
5 geschälte, grob gehackte
Knoblauchzehen
2 Zweige Thymian
1 Zweig Rosmarin
2 Lorbeerblätter
2 El Schmalz
2 cl Barack Pálinka
(Aprikosenbrand)
1 Tl Rosenpaprika
3 El weiche Butter
2 El Mehl

WILDSCHWEINPÖRKÖLT

INFO

Je länger die Marinierzeit, umso mürber ist das Fleisch. Es sollten deshalb wenigstens 24 Stunden sein.

GEFÜLLTE HÄHNCHEN À LA KÁROLY GUNDEL

Für 4 Personen
Zubereitungszeit: 30 Min./Bratzeit: 1 ½ Std.

GEFÜLLTE HÄHNCHEN

ZUTATEN

2 Brathähnchen
Salz
Weißer Pfeffer
aus der Mühle

Für die Füllung:
400 g Hähnchen- oder
Putenleber
50 g getrocknete
Steinpilze
(eine gute Hand voll)
2 altbackene Brötchen
200 ml Sahne
3 El Butter
2 Eier
1 Eigelb
Frisch geriebene
Muskatnuss

INFO

*Die gefüllten Hähnchen sind
ein tolles Gästeessen. Sie
sind gut vorzubereiten und
lassen den Gastgebern daher
Zeit für ihre Gäste.*

Vorbereitung

Die Hähnchen außen und innen gründlich waschen, trocknen, salzen und pfeffern. Die Hähnchenleber waschen, trocknen und von den weißen Häutchen befreien. Die Steinpilze in heißem Wasser einweichen. Die Brötchen in Stücke schneiden und in der Sahne einweichen.

Zubereitung

Die geputzten Lebern hacken. Die Pilze ausdrücken, ebenfalls hacken und mit der Leber vermischen. Die Hälfte der Butter in einer Pfanne schmelzen. Die Leber-Pilz-Mischung darin anbraten und etwas auskühlen lassen. Die Brötchen gut ausdrücken und zur Lebermasse geben. Eier und Eigelb dazugeben und herzhaft mit Salz, Pfeffer und Muskatnuss würzen. Die Füllung auf beide Hähnchenbäuche verteilen. Die Bauchöffnungen mit Holzstäbchen verschließen. Die Hähnchen in

eine gebutterte Form legen und im vorgeheizten Backofen auf mittlerer Schiene bei 190 °C etwa 1 ½ Stunden braten. In dieser Zeit die Hähnchen immer wieder mit Bratensaft und Butter begießen.

Servieren

Mit einem scharfen Messer die Hähnchen an der Brustmittelnaht durchschneiden. Die halben Hähnchen auf Tellern anrichten und mit etwas Bratensaft beträufelt servieren. Dazu schmeckt ein knackiger Salat und ein kühler trockener Weißwein.

POULARDENPÖRKÖLT

POULARDENPÖRKÖLT

Für 4 Personen
Zubereitungszeit: 45 Min./Bratzeit: 45 Min.

ZUTATEN

1 Poularde (ca. 1,2 kg)
Salz
Schwarzer Pfeffer
aus der Mühle
Je 1 rote, grüne, gelbe
Paprikaschote
3 Tomaten
3 Zwiebeln
2 Knoblauchzehen
2 El Gänseschmalz
1 El Rosenpaprikapulver
250 ml Weißwein

Vorbereitung

Die Poularde innen und außen waschen und trockentupfen. Mit einem scharfen Messer Flügel und Keulen vom Körper abtrennen. Den Körper längs des Brustbeins halbieren und die Hälften noch einmal teilen. Alle Poulardenteile salzen und pfeffern. Paprikaschoten waschen, halbieren, alle Häutchen und Kerne entfernen und in kleine Würfel schneiden. Tomaten mit kochendem Wasser überbrühen, Haut abziehen, Stielansatz und Kerne entfernen, das Fruchtfleisch grob hacken. Zwiebeln und Knoblauch schälen, beides fein würfeln.

Zubereitung

Das Gänseschmalz in einem Bräter erhitzen und darin die Zwiebelwürfel goldbraun rösten. Mit Paprikapulver bestreuen, schnell unterrühren und die Poulardenteile in den Bräter setzen und von allen Seiten anbraten. Paprika, Tomaten und Knoblauch zufügen und mit 200 ml Weißwein aufgießen. Im geschlossenen Topf 45 Minuten schmoren.

Servieren

Servieren Sie das fruchtige Poulardenpörkölt mit in Butter geschwenkten Nockerln.

INFO

Poularden sind festfleischig und zerfallen nicht so schnell beim Kochen. Sie eignen sich besonders gut für ein Pörkölt.

Hasenbraten in Wacholderbeize

Für 4 Personen
Zubereitungszeit: 25 Min. (ohne Wartezeit)/Bratzeit: ca. 1 Std.

Vorbereitung

Den Hasen waschen, von weißen Häutchen und Sehnen befreien. In eine große flache Form legen und mit Buttermilch begießen. Wacholderbeeren und Lorbeerblätter zufügen und den Hasen abgedeckt im Kühlschrank 24 Stunden marinieren. Hin und wieder wenden.

Zubereitung

Den Hasen aus der Marinade heben und gut trockentupfen. Von allen Seiten salzen, pfeffern und mit Majoran bestreuen, auf ein tiefes Backblech legen und mit Speckscheiben belegen. Die Butter schmelzen und über den Hasen gießen. Auf mittlerer Schiene im vorgeheizten Backofen bei 180 °C 1 Stunde braten. In dieser Zeit den Hasen immer wieder begießen. Wenn nötig, die Gießflüssigkeit mit etwas heißer Gemüsebrühe verlängern. Nach einer Stunde eine Garprobe machen. Mit einem Messer in den Hinterlauf pieksen. Ist der austretende Fleischsaft rosa, muss der Hase noch im Ofen bleiben. Auf keinen Fall die Hitze erhöhen, da das Fleisch sonst trocken wird.

Servieren

Den Hasen aus dem Ofen nehmen und auf einer Platte anrichten. Den Bratensatz mit saurer Sahne aufrühren, mit Speisestärke binden und noch einmal abschmecken. Dazu passen frische Nockerln und ein Rotkraut.

Zutaten

1 Hase

Für die Beize:
500 ml Buttermilch
8 im Mörser leicht zerdrückte Wacholderbeeren
2 Lorbeerblätter

Zum Braten:
Salz
Schwarzer Pfeffer aus der Mühle
1 Tl getrockneter Majoran
100 g in dünnen Scheiben geschnittener durchwachsener Speck
100 g Butter
250 ml saure Sahne
1 El Speisestärke

Hasenbraten

Info

Den Hasen müssen Sie bei Ihrem Metzger rechtzeitig vorbestellen, da er nach dem Schlachten noch einige Zeit abhängen sollte.

PALATSCHINKEN (GRUNDTEIG)

SÜSSE PALATSCHINKENTORTE

ORIGINAL PUSZTA-KAFFEE

GEFÜLLTE APRIKOSEN

NUDELAUFLAUF MIT MOHN

SCHOKOLADENAUFLAUF

DOBOSTORTE

Mehlspeisen & Desserts

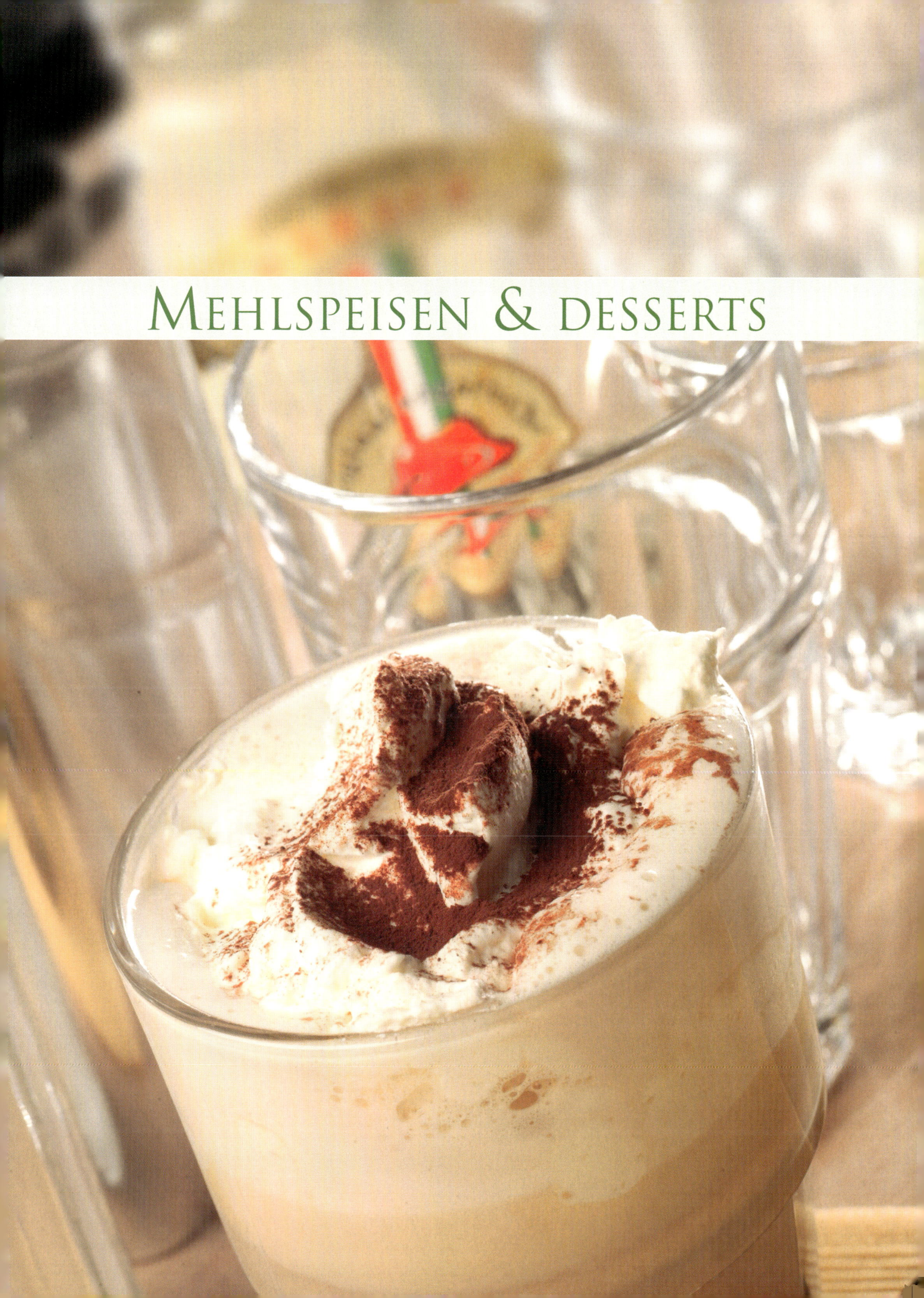

Palatschinken (Grundteig)

PALATSCHINKEN (GRUNDTEIG)

Für 4 Personen
Zubereitungszeit: 10 Min. (ohne Wartezeit)/Backzeit: 20 Min.

Vorbereitung (süßer Grundteig)

Das Mehl mit Salz, Zucker, Ei und Eigelb vermischen. Nach und nach die Milch zugießen und einen flüssigen Teig herstellen. 15 Minuten ruhen lassen.

Vorbereitung (salziger Grundteig)

Das Mehl mit Salz, Ei und Eigelb vermischen. Nach und nach die Milch und das Selterswasser zugießen und einen flüssigen Teig herstellen. 15 Minuten ruhen lassen.

Zubereitung (süßer & salziger Grundteig)

Einen Teil vom Schmalz in der Pfanne erhitzen und aus dem Teig von beiden Seiten dünne Eierpfannkuchen backen. Aus der Pfanne heben und warm stellen. So verfahren, bis der Teig aufgebraucht ist.

Servieren (süßer Grundteig)

Die warmen Palatschinken mit Marmelade, Nusscreme oder Honig bestreichen. Aufrollen oder nur zusammenlegen und mit Puderzucker oder gehackten Nüssen bestreut servieren.

Servieren (salziger Grundteig)

Die warmen Palatschinken mit Letscho, Pilzen oder gedünsteten Zwiebeln füllen. Aufrollen oder nur zusammenlegen und servieren.

ZUTATEN

Süßer Grundteig:
300 g Mehl
1 Prise Salz
2 El Zucker
1 Ei
1 Eigelb
300 ml Milch
50 g Schmalz
Füllung nach Wahl

Salziger Grundteig:
300 g Mehl
½ Tl Salz
1 Ei
1 Eigelb
150 ml Milch
150 ml Selterswasser
50 g Schmalz
Füllung nach Wahl

INFO

Als Variante für Erwachsene kann man die süßen Palatschinken mit Zucker bestreuen und mit Barack Pálinka (Aprikosenbrand) flambieren.

Die salzigen Palatschinken ungefüllt eng aufrollen, in Röllchen schneiden und als Suppeneinlage genießen.

SÜSSE PALATSCHINKENTORTE

Für 4–6 Personen
Zubereitungszeit: 1 Std./Backzeit: ca. 30 Min.

SÜSSE PALATSCHINKENTORTE

ZUTATEN

300 g Mehl
1 Prise Salz
2 El Zucker
1 Ei
1 Eigelb
300 ml Milch
50 g Schmalz

Für die Füllung:
150 g Walnüsse
50 g Schokolade
150 g Quark
3 Eiweiße
3 Eigelbe
¼ Tl geriebene
Zitronenschale
250 g Zucker
1 Päckchen Vanillezucker
80 g Butter
2 El Rosinen
150 g Aprikosenkonfitüre
Puderzucker

INFO

Die gleiche Torte kann auch als herzhafte Variante zubereitet werden. Verwenden Sie den Grundteig für salzige Palatschinken und für die Füllung krümelig gebratenes, gut gewürztes Hackfleisch, das Sie im Wechsel mit Letscho schichten. Zum Schluss mit Käse bestreut überbacken.

Vorbereitung

Aus den oberen Zutaten 10 dünne Palatschinken nach dem Rezept für süße Palatschinken backen. Die Walnüsse mahlen, die Schokolade reiben. Den Quark durch ein Haarsieb drücken. Die Eiweiße zu steifem Schnee schlagen.

Zubereitung

Den Quark mit den Eigelben und der Hälfte vom Eischnee, der Zitronenschale und der Hälfte vom Zucker verrühren. Den restlichen Zucker mit Vanillezucker unter den übrigen Eischnee ziehen. Auf einem gebutterten Backblech einen Palatschinken legen, dünn mit Walnüssen bestreuen und mit einem weiteren Palatschinken belegen. Auf diesen dünn Schokoladenraspel, Aprikosenkonfitüre und einige Rosinen legen und wieder mit einem Palatschinken belegen. Diesen mit der Quarkmasse bestreichen

und so fortfahren, bis alle Zutaten aufgebraucht sind. Die Torte zum Vorbacken in den auf 190 °C vorgeheizten Backofen schieben und 15 Minuten backen. Wieder aus dem Ofen nehmen, auf den obersten Palatschinken den gesüßten Eischnee verteilen und im Backofen ca. 10 Minuten backen. Der Eischnee soll eine goldbraune Färbung bekommen. Aus dem Ofen nehmen, mit Puderzucker bestreuen und auf einen Tortenteller legen.

Servieren

Servieren Sie die Palatschinkentorte in Tortenstücke geschnitten mit einem Glas lieblichen Tokajer.

ORIGINAL PUSZTA-KAFFEE

Mehlspeisen & Desserts

Für 4–6 Personen
Zubereitungszeit: 10 Min./Kochzeit: 10 Min.

ZUTATEN

750 ml sehr starker
Bohnenkaffee
250 ml Milch
5 Eigelbe
8 cl Barack Pálinka
(Aprikosenbrand)
100 g Zucker
200 ml Sahne
Kakaopulver

Vorbereitung

Den Kaffee kochen. Die Milch auf kleiner Flamme erhitzen. Die Eigelbe mit dem Aprikosenschnaps und dem Zucker so lange verrühren, bis sich der Zucker aufgelöst hat. Die Sahne steif schlagen.

Zubereitung

Die Eiermasse langsam mit der heißen Milch vermischen, auf 4 größere hitzebeständige Gläser verteilen und mit heißem Kaffee aufgießen.

Servieren

Auf jedes Glas einen Klecks Sahne geben und mit Kakaopulver bestreuen.

INFO

Der Puszta-Kaffee schmeckt nur mit original Barack Pálinka. Die Anschaffung einer solchen Flasche lohnt aber auf jeden Fall.

GEFÜLLTE APRIKOSEN

Für 4 Personen
Zubereitungszeit: 20 Min./Koch- & Bratzeit: ca. 10 Min.

Vorbereitung

*Die Milch mit Butter, Zitronen-
schale, Zucker und Salz zum
Kochen bringen. Den gewasche-
nen und gut abgetropften
Milchreis zufügen und bei
schwacher Hitze etwa 20
Minuten eher quellen lassen als
kochen. Vom Herd nehmen und
abkühlen lassen. Die Aprikosen
waschen, halb aufschneiden und
den Kern entfernen.*

Zubereitung

*500 ml Wasser mit 3 El Zucker
zum Kochen bringen und darin
die Aprikosen 5 Minuten leicht
dünsten. In einem Sieb gut
abtropfen lassen und mit dem
süßen Milchreis füllen. Die
Aprikosen wieder zusammen-
drücken, in Mehl und Semmelbrösel wenden und in der Pfanne
in Butter goldgelb ausbraten. Auf
Küchenpapier entfetten.*

Servieren

*Die gefüllten Aprikosen auf
einer Platte anrichten und mit
Puderzucker bestreut servieren.*

ZUTATEN

Für die Füllung:
500 ml Milch
20 g Butter
¼ Tl Zitronenschale
25 g Zucker
1 Prise Salz
100 g Milchreis

12 Aprikosen
3 El Zucker
2 El Mehl
4 El Semmelbrösel
100 g Butter
Puderzucker

INFO

*Die Aprikosen dürfen für
diesen Nachtisch noch nicht
zu reif sein. Sie würden ihre
Form verlieren und ließen
sich nicht mehr füllen.*

NUDELAUFLAUF MIT MOHN

NUDELAUFLAUF MIT MOHN

Für 4 Personen
Zubereitungszeit: 25 Min./Koch- & Backzeit: ca. 1 Std.

Vorbereitung

Die Nudeln im Salzwasser bissfest garen. Abschütten und gut abtropfen lassen. Die Eiweiße mit einer Prise Salz sehr steif schlagen. Für die Füllung Mohn, Zimt und Milch verrühren und quellen lassen.

Zubereitung

Die Butter in einem Topf schmelzen, das Mehl darüber streuen und mit dem Schneebesen verrühren. Sobald es glatt gerührt ist, nach und nach mit der warmen Milch aufgießen. Es soll eine sämige Soße entstehen. Den Topf vom Herd nehmen, abkühlen lassen, mit Eigelben, Zitronenschale, Walnüssen, Zucker und Vanillemark verrühren, die Nudeln dazugeben und mit der Soße gut vermischen. Zum Schluss vorsichtig das geschlagene Eiweiß unterheben. Eine Hälfte der Nudelmasse in eine gebutterte Auflaufform füllen, darüber den vorbereiteten

Mohn streichen und mit den restlichen Nudeln bedecken. Im auf 180 °C vorgeheizten Backofen den Auflauf 45 Minuten backen.

Servieren

Den Auflauf mit Puderzucker bestreuen und noch heiß servieren.

ZUTATEN

250 g Eierbandnudeln
Salz
5 Eiweiße
125 g Butter
1 El Mehl
250 ml warme Milch
5 Eigelbe
½ Tl Zitronenschale
100 g gehackte Walnüsse
60 g Zucker
Mark von 1 Vanilleschote

Füllung:
250 g frisch gemahlener Mohn
1 Msp. Zimt
125 ml warme Milch
Butter für die Form
Puderzucker

INFO

Wenn Sie keinen frischen Mohn bekommen, bietet der Handel fertige – in Schutzfolie verpackte – Mohnmasse an.

SCHOKOLADEN-AUFLAUF

Für 4 Personen
Zubereitungszeit: 20 Min./Koch- & Backzeit: ca. 45 Min.

SCHOKOLADENAUFLAUF

ZUTATEN

100 g Schokolade
3 Eiweiße
1 Päckchen Vanillezucker
5 El Zucker
1 Tl Kakao
4 El Mehl
250 ml Milch
1 Ei
3 Eigelbe
Butter für die Form
Mehl für die Form

Vorbereitung

Die Schokolade reiben, die Eiweiße mit Vanillezucker und Zucker sehr steif schlagen.

Zubereitung

Die Schokolade mit Kakao und dem Mehl mischen. Nach und nach die Milch dazugießen und mit dem Handmixer gründlich vermischen. In einen Topf füllen und unter ständigem Rühren dicklich aufkochen. Den Topf vom Herd ziehen, etwas abkühlen lassen und mit dem Ei und den Eigelben verrühren. Den steif geschlagenen Eischnee vorsichtig unterheben. Eine Auflaufform mit Butter ausreiben und mit Mehl bestäuben. Die Schokoladenmasse einfüllen und im auf 170 °C vorgeheizten Backofen 25–30 Minuten backen.

Servieren

Servieren Sie den Schokoladenauflauf in der Form und reichen Sie eine Vanillesahne dazu.

INFO

Versuchen Sie den Auflauf einmal mit weißer Schokolade und färben Sie die Sahne mit etwas Kakaopulver. Als Garnierung Schokoladenspäne darüber streuen.

DOBOSTORTE

DOBOSTORTE

Für 16 Stücke, Zutaten für eine Springform von 26 cm Ø
Zubereitungszeit: ca. 1 Std. (ohne Wartezeit)/Backzeit: ca. 30 Min.

Vorbereitung

Für den Teig Eigelbe, Zucker, Salz und Zitronenschale in einer Schüssel zu einer cremigen Masse verarbeiten. Die Eiweiße zu sehr steifem Schnee schlagen. Das Mehl sieben, mit Backpulver und Vanillezucker mischen und löffelweise in den Eischnee einarbeiten. Backpapier für eine Springform von 26 cm Ø zuschneiden. Auf den Boden der Form legen und das Papier buttern. Die Teigmasse in die Springform einfüllen und im vorgeheizten Backofen bei 190 °C etwa 30 Minuten auf mittlerer Schiene backen. Biskuit aus der Form lösen und auf einem Kuchengitter erkalten lassen. Mit Küchengarn den Kuchen dreimal waagerecht durchschneiden.

Zubereitung

Für die Füllung Eigelbe, Zucker, Vanillezucker und Kakao in eine Metallschüssel füllen und im Wasserbad die Masse mit dem Handrührgerät cremig rühren. Die Butter schmelzen und nach und nach in die Masse einarbeiten. Die fertige Creme im Kühlschrank abkühlen lassen. Den untersten der Biskuitböden auf eine Tortenplatte legen und mit ¼ der Creme bestreichen. Den zweiten und dritten Boden auflegen und ebenfalls mit je ¼ der Creme bestreichen. Die restliche Creme um den Tortenrand verstreichen. Für die Glasur den Zucker hellbraun zu Karamell schmelzen, auf den obersten Biskuitkuchen gießen, mit einer geölten Palette glatt streichen und sofort in 16 Stücke einkerben. Die Torte in den Kühlschrank stellen und mindestens 4 Stunden kühlen.

Servieren

Die gekühlte Dobostorte mit Vanillesahne und original Puszta-Kaffee genießen.

ZUTATEN

Für den Biskuitteig:
7 Eigelbe
180 g Zucker
1 Prise Salz
Abgeriebene Schale
von 1 Zitrone
7 Eiweiße
150 g Mehl
½ Tl Backpulver
1 El Vanillezucker

Für die Füllung:
7 Eigelbe
250 g Zucker
1 Päckchen Vanillezucker
50 g Kakaopulver
225 g Butter

Für die Glasur:
150 g Zucker

INFO

Die Glasur muss gleich beim Auftragen mit den Kerben versehen werden. Später geht das nicht mehr, weil die Glasur wie Glas zerspringen würde.

93

REGISTER